Everlasting

责任常青

Responsibility

（第二版）

张　艳◎编著

经济管理出版社

ECONOMY & MANAGEMENT PUBLISHING HOUSE

图书在版编目（CIP）数据

责任常青/张艳编著. —2 版. —北京：经济管理出版社，2016.7
ISBN 978-7-5096-4508-6

Ⅰ. ①责… Ⅱ. ①张… Ⅲ. ①企业—职工—责任感—通俗读物 Ⅳ. ①F272.92-49

中国版本图书馆 CIP 数据核字（2016）第 157613 号

组稿编辑：张 艳
责任编辑：张 艳 丁慧敏
责任印制：黄章平
责任校对：新 雨

出版发行：经济管理出版社
 　　　　（北京市海淀区北蜂窝 8 号中雅大厦 A 座 11 层 　100038）
网　　址：www. E-mp. com. cn
电　　话：（010）51915602
印　　刷：三河市延风印装有限公司
经　　销：新华书店
开　　本：787mm×960mm/16
印　　张：12.25
字　　数：119 千字
版　　次：2016 年 7 月第 1 版 　2016 年 7 月第 1 次印刷
书　　号：ISBN 978-7-5096-4508-6
定　　价：33.00 元

目录

EVERLASTING RESPONSIBILITY

第一章

责任：永远常青的职业精神

如果你有很强的责任感，能够接受别人不愿意接受的工作，并且从中体会出辛劳和乐趣，那你就能够克服困难，达到他人无法达到的境界，并得到应有的回报。

——比尔·盖茨

Everlasting Responsibility

责任：永远常青的职业精神

责任是一种重要的人生态度，同时也是一种可贵的职业精神。无论在什么时代，都需要有责任感的人。

公元前490年，希腊人和波斯人在希腊的马拉松进行了一场激烈的战斗，最终希腊人取得了胜利。希腊将军米尔迪亚德命令士兵菲迪波德要在最短的时间内将捷报送到雅典，以激励身陷困境的雅典人。接到命令后，菲迪波德从马拉松平原不停顿地跑回雅典（全程约40公里）。当他跑到雅典把胜利的消息传达后，自己却累死了。人们为他们的英雄痛哭不已。希腊人赋予了他极高的荣誉，因为他完成了自己的使命和责任。

1896年在希腊雅典举办的近代第一届奥林匹克运动会上，就用这个距离作为一个竞赛项目——马拉松，用以纪念这位士兵，也为了激励那些能够勇敢坚持完成任务、有责任心的人。

菲迪波德在2000多年前表现出来的责任感在当今企业中仍然十分可贵。忠诚、负责地对待自己的工作，无论自己的工作是什么。一个人的职位高低并不重要，重要的是你是否做好了自己的工作。

工作中，只有那些能够勇于承担责任的人，才有可能被赋予更多的使命，才有资格获得更大的荣誉。一个缺乏责任感的人或者一个不负责任的人，首先失去的是社会对自己的基本认可，其次失去了别人对自己的信任与尊重，甚至也失去了自身的立命之本——信誉和尊严。

清醒地意识到自己的责任，并勇敢地担起它，这样的人无论是对于自己还是对于社会都是问心无愧的。人可以不伟大，人也可以清贫，但不可以没有责任感。

晓群是一个出生于贫困山区的大学生，刚踏入社会，没有任何的财富和社会背景可以依靠。然而短短十年，从一名普通的大学毕业生到一位年薪超过百万元的高级职业经理人，他的职业生涯道路比很多人都顺畅。在一家论资排辈的大型国有企业，走出校门不久的他，以最浅的资历和最小的年龄跻身中层管理者行列；在一家竞争白热化的外资企业，他在第一个月里连续加薪三次，在第一个季度里连升三级；在一家大型民营企业里，他的年薪超过 100 万元；另外，还有多家企业愿意给他更高的薪水，更有不少猎头公司时刻关注着他的职业动向……而且，在他成长的过程中，几乎每个时期都会有多位老板争相聘请他。

"你的运气真好！"很多人曾这样对他说过。

如果只是一时顺畅，有可能是运气，而时时顺畅，就不单单是运气了。晓群的成功靠的是良好的职业精神。

职业精神包括很多方面，比如，诚信、忠诚、敬业、勤奋、自动自发、富有责任感，等等。其中，富有责任感是所有职业精神中最重要的，也是最根本的。一个人如果缺乏责任心，诚信、忠诚、敬业、勤奋、自动自发等都无从谈起。无论做什么样的工作，只要你能够认真、勇敢地承担起自己的责任，你所做的就是有价值的，你就会获得别人的尊重和敬意。

老张是名退伍军人，几年前经朋友介绍来到一家工厂做仓库保管员，虽然工作不繁重，无非就是按时关灯，关好门窗，注意防火防盗等，但老张却做得十分认真。他不仅每天做好来往工作人员的提货日志，将货物有条不紊地码放整齐，还从不间断地对仓库的各个角落进行打扫清理。

3年下来，仓库没有发生一起失火失盗案件，其他工作人员每次提货也都会在最短的时间里找到所要提的货物。在工厂建厂20周年庆功会上，厂长按老员工的级别亲自为老张颁发了5000元奖金。好多老职工不理解，老张才来厂工作了3年，凭什么能够拿到这个老员工才有的奖项？

厂长看出了大家的不满，于是说道："你们知道我这3年中检查过几次咱们厂的仓库吗？一次没有！这不是说我工作没做到，其实我一直很了解咱们厂的仓库保管情况。作为一名普通的仓库保管员，老张能够做到三年如一日地不出差错，而且积极配合其他部门人员的工作，对自己的岗位忠于职守，比起一些老职工来说，老张真正做到了爱厂如家，我觉得这个奖励他当之无愧！"

责任是一个人职业精神的闪光，它可以让一个平凡的人在一个平凡的岗位上做出不平凡的事情。因此，作为员工，千万不要因为自己是一名普通的员工就忽视自己的责任，其实你能否担当起你的责任，对整个企业而言，是具有很大意义和影响的。

那么，对于一名员工来讲，责任意味着什么呢？

责任就是对自己所负使命的忠诚和信守，责任就是对自己工做出色地完成，责任就是忘我的坚守，责任就是人性的升华。总之，责任就是做好社会赋予你的任何有意义的事情。

谁赋予我们责任？为什么我们必须承担责任？既然你是社会中的一个个体，你就有着不可推卸的责任——对配偶的、父母的、儿女的、朋友的、社会的、工作的责任。总之，我们从童年有认知开始就有很多责任。

天赋责任，所以我们没有理由推卸。无论一个人担任何种职务，做什么样的工作，他都要对他人负责，这是社会法则，是道德法则，也是心灵法则。当我们坚守责任时，我们也是在坚守人生最根本的义务。坚守责任，就是守住生命最高的价值，守住人性的伟大和光辉。

在一个雪天的傍晚，约翰中士匆忙地走在回家的路上。路过公园时，他被一个人拦住了。"先生，打扰一下，请问您是一位军人吗？"这个人看起来很着急。"是的，我是，能为您做些什么吗？"约翰急忙回答道。"是这样的，我刚才经过公园门口时，看到一个孩子在哭，我问他为什么不回家，他说他是士兵，在站岗，没有接到命令他不能离开这里。谁知和他一起玩的那些孩子都不见了，估计都回家了。"这个人说："我劝这个孩子回家，可是他不走，他说站岗是他的责任，他必须接到命令才能离开。看来只能请您帮忙了。"

约翰心头一震，说："好的，我马上就过去。"

第一章
责任：永远常青的职业精神

约翰来到公园门口，看见小男孩在哭泣。约翰走了过去，敬了一个军礼，然后说："下士先生，我是约翰中士，你站在这里干什么？"

"报告中士先生，我在站岗。"小男孩停止了哭泣，回答说。

"雪下得这么大，天又这么黑，公园也要关门了，你为什么不回家？"约翰问。

"报告中士先生，这是我的责任，我不能离开这里，因为我还没有接到命令。"小男孩回答。

"那好，我是中士，我命令你现在就回家。"

"是，中士先生。"小男孩高兴极了，还向约翰回敬了一个不太标准的军礼。

小男孩的举动深深地打动了约翰，他的倔强和坚持看起来似乎有些幼稚，但这个孩子所体现的责任和守信却是很多成年人都无法做到的。后来约翰中士经常给士兵们讲起这个故事。

现代社会所需要的正是这种强烈的责任感。我们生活在一个由责任构建的社会中，亲情缔造的责任让我们感动，友情链接的责任让我们幸福，爱情构筑的责任让我们忠诚，所以我们不能推卸责任，推卸责任就意味着伤害了我们的至亲至爱。

在企业中，员工和企业之间也是一种基于责任的契约关系，而不单单是一种利益上的关系。因为一个人工作不仅仅为了钱，为了生存，工作还是人的一种需要，是人寻找个体价值的一种选择。工作和事业满足了人自我实现的需要，而这也是人的最高需要。人需要认同感和满足感，工作满足了人的这种需要。

所以，我们不能推卸责任，推卸责任就意味着我们失去了实现人生价值的机会。

责任保证一切

　　有责任心的员工是公司的栋梁，由这样的员工组成的企业是最具竞争力的企业。"责任保证一切"，责任保证了服务，保证了敬业，保证了创造……正是这一切，保证了企业的竞争力。

　　20世纪90年代，我国有一个代表团到韩国洽谈商务。代表团车队的先导车由于开得较快，为了等后边的车辆，暂停在了高速公路的临时停车带。不一会儿，一辆"现代"跑车靠了过来。驾车的是一对年轻的韩国夫妇，他们问代表团的同志车辆出了什么问题，是否需要他们帮忙。原来，这对夫妇是现代汽车集团的职员，而代表团的先导车恰好是现代汽车集团生产的。

　　读完这个故事，你有什么感想？这对韩国夫妇开着跑车，可能是去度假，也可能是去参加朋友的派对，显然是在非工作时间，而且上司并不在现场，仅仅因为停靠的车辆是他们公司生产的，就对一个与他们的工作职责并没有直接联系的问题给予必要的关注，表现出来的是一种怎样的责任感？显然，他们已经把与公司有关的任何问题都当成了自己的个人责任！正是这种责任感保证了现代汽车集团在日益严峻的行业形势下依然保持着良好的竞争优势。

　　责任保证了一个企业的竞争力，在激烈的市场竞争中，任

第一章
责任：永远常青的职业精神

何一家想以竞争取胜的公司都必须设法使每个员工有责任感。没有责任感的员工就无法给顾客提供高质量的服务，就难以生产出高质量的产品，因此，公司就无法在这个竞争激烈的社会立足。

德国是奔驰、宝马的故乡。面对奔驰、宝马，你一定会感受到德国工业品那种特殊的技术美感，从高贵的外观到性能优异的发动机，几乎每一个细节都无可挑剔，其中深深地体现出德国人对产品完美的无限追求。德国货是如此的高品质，以至于在国际上成为"精良"的代名词。

那么，为什么德国的这些产品就能获得这样的好口碑呢？就是公司和员工的责任感，他们处处标榜自己的责任，不放过任何一个瑕疵，因此，最后的成品才能广受好评。正是责任感让奔驰、宝马成为国际品牌。

像现代、奔驰、宝马这些国际知名公司的员工无论处在什么职位，都能自觉地意识到自己所担负的责任。有了自觉的责任意识之后，才能保证良好的工作绩效。

企业绩效是很多老板心头的一件大事，他们也在寻找各种方式和方法来提高企业的绩效。不过很多老板发现，无论是优秀的管理模式还是先进的管理经验，一旦应用到自己的公司就"不灵"了，工作绩效并没有明显的提高。

这是为什么呢？因为无论是优秀的管理模式还是先进的管理经验，归根结底还需要人来做，如果不能从根本上改变人，所有的努力都将是无意义的，美好的愿望也只是愿望了，而不会转化为实际的效果。正如三星集团 CEO 李亨道所说："钱很容易有，但是要有各方面的人才。因为战略是人制定的，也是人执行的。集中发展和多元化要看各个企业不同的现实，但是不管哪种情况，关键都是拥有各行各业的人才储备。"

如果一个团队里的成员缺乏责任意识，就不会对有助于团队发展的一些改变有足够的兴趣和热情，即使领导者认为努力就会有结果。但如果所有计划不能得到根本的执行，自然就不会收到很好的效果。

由此可见，责任与绩效之间应该是正比例的关系。当一方面提高时，另一方面也随之提高；反之，当一方面下降时，另一方面也随之下降。所以，要提高工作绩效，首先要确保员工的责任感。著名管理大师德鲁克曾说过，"责任保证绩效"，很多企业管理者也都从这句话里悟出了提高绩效的根本所在。

责任比能力更重要

一位伟人曾经说过："人生所有的履历都必须排在勇于负责的精神之后。"对于一个企业的发展来说，员工的责任感要比他的能力更加重要。

理查德是德国的一位工程技术人员，因为德国国内经济不景气，失业后来到美国。由于举目无亲，他根本无法立足，只得到处流浪，直到幸运地得到一家小工厂老板的青睐，雇用他担任制造机器马达的技术人员为止。理查德是一个对工作善于钻研的人，很快便掌握了马达制造的核心技术。

就在这个时候，美国的福特公司有一台马达坏了，公司所有的技术人员都没能修好。正在一筹莫展的时候有人推荐了理查德，福特公司马上派人请他。

理查德要了一张席子铺在马达旁，先聚精会神地听了 3 天，然后又要了梯子，爬上爬下忙了多时，最后他在马达的一个部位用粉笔画了一道线，写下了"这儿的线圈多绕了 16 圈"。福特公司的技术人员按照理查德的建议，拆开马达把多余的 16 圈线取走，再启动，马达正常运转了。

福特公司总裁福特先生得知后，对这位技术员十分欣赏，先是给了他 10000 美元的酬金，然后又亲自邀请理查德加盟福特公司。但理查德却向福特先生说，他不能离开那家小工厂，因为那家小工厂的老板在他最困难的时候帮助了他。

福特先生先是觉得遗憾万分，继而感慨不已。福特公司在美国是实力雄厚的大公司，人们都以进福特公司为荣，而这个人却因为对人负责而舍弃这样的机会。

不久，福特先生做出收购理查德所在的那家小工厂的决定。董事会的成员都觉得不可思议，这样一家小工厂怎么会进入福特的视野呢？福特先生意味深长地说："因为那里有理查德！"

理查德的责任感是应该受到所有人尊敬的。那些对自己的工作抱有强烈责任感的人，无论在多么不起眼的位置上，无论能力多么平凡，最终都将赢得老板的青睐和同事的尊敬。

责任心是衡量一个员工能力和业绩的重要标准。一个员工能力再强，如果他不愿意付出，就不能为企业创造价值，而一个愿意为企业全身心付出的员工，即使能力稍逊一筹，也能够创造出最大的价值。这就是我们常常说的"用 B 级人才办 A 级事情"、"用 A 级人才却办不成 B 级事情"。一个人是不是人才固然很关键，但最关键的还在于这个人才是不是企业真正意义上负责任的员工。

王东是某集团公司的员工，自从到公司后一直都非常努力，并取得了突出的成绩，老板非常赏识他，他成了老板跟前的"红人"。很快，他被提拔为销售部经理，工资一下子翻了两倍，还有了自己的专用汽车。

刚当上经理那阵子，王东还是像未做经理之前那样努力，每一件事情都做得尽善尽美。

"你犯什么傻啊？"不断有人这样对他说，"你现在已经是经理了，再说老板并不会检查你做的每一件事情，你做得再好，他也不知道啊！"

诚然，老板不可能看到每一个员工的每一份成绩。可是，如果你养成了追求完美的习惯，把每一件事都做好，就可以保证老板所看到的全是完美的。到那时，老板自然会把你该得到的职位和报酬给你。可惜，王东没有意识到这一点。

在多次听到别人说他"犯傻"的话后，王东变得"聪明"了，他学会了投机取巧，学会了察言观色和想方设法迎合老板，不把心思放在工作上，而是放在揣摩老板的意图上。如果他认为某件事情老板要过问，他就会将它做得很好；如果他认为某件事情老板不会过问，他就不会做好它，甚至根本就不做。

终于，在公司的一次中高层领导会议中，老板发现王东隐瞒了工作中的很多问题。谁愿意被人欺骗呢？老板一怒之下就把王东解聘了。

　　王东被解雇，其原因不在于其能力不行，而在于他责任心不强。现在，很多企业都把选用人才的标准由注重能力变为对员工责任心的考察。在华为公司，其文化的核心价值观念之一就是："认真负责和管理有效的员工是我们公司最大的财富。"在IBM，每个人坚守和履行的价值观念之一就是："在人际交往中永远保持诚信的品德，永远具有强烈的责任意识。"在微软，"责任"贯穿于员工们的全部行动。责任不仅是一种品德，更是一种能力，而且是其他所有能力的统帅与核心。缺乏责任意识，其他的能力就失去了用武之地。所以，在这些企业里，责任是胜于能力的。无论有多么优秀的能力，只有通过尽职尽责的工作才能完美地展现。不知道用奋斗担负起责任的员工，即使工作一辈子也不会有出色的业绩。

让责任成为自己的习惯

　　一位曾多次受到公司嘉奖的员工说："我因为责任感而多次受到公司的表扬和鼓励，其实我觉得自己真的没做什么。我很感谢公司对我的鼓励，其实承担责任或者愿意负责并不是一件困难的事，如果你把它当做一种习惯的话。"

　　当承担责任成为你的工作习惯时，你的身上就会焕发出无穷的人格魅力。

　　这是一个医生亲眼目睹的一件普通得不能再普通的突发事件。

西部地区的一个城乡接合部正在大搞建设，工地一角突然发生坍塌，脚手架、钢筋、水泥、红砖无情地倒向下面正在吃午饭的民工，灰尘四起的工地顿时传来伤者痛苦的呻吟。

这一切都被路过的两辆旅游大客车上的人看在眼里。旅游车停在路口，从车里迅速下来几十名年过半百的老人，他们好像没听见领队"时间来不及了"的抱怨，马上开始有条不紊地抢救伤者。

现场没有夸张的呼喊，没有感人的誓言，只有训练有素的双手和默契的配合。没有手术刀就用瓷碗碎片打开腹腔，没有纱布就用换洗衬衣压住伤口。当急救车赶来的时候，已经过了50分钟，从一个外科医生的眼睛来看，这些老人们至少保住了10个民工的生命。

在机场，这名医生又遇到了这些老人们的领队，两个时尚的年轻姑娘一边激烈地讨论这么多机票改签和一些费用结算问题，一边抱怨这些老人管了闲事却让她们两个人为难。

老人们此时已经换上了干净的衣服。他们身上穿的大多都是去掉了肩章的制服衬衣，陆海空都有，每个人都以平静、祥和的神态四下张望候机厅的设施。那位医生断断续续听到其中一个老人面带歉疚地对两个年轻姑娘说道：

"军医同学……不管心里多么过意不去……老人们这脾气……"

是啊，这些老人做得对，如果说责任还可以逃避，但你的心能吗？一个人可以完全忘掉歉疚，或者带着歉疚生活一辈子，只要他觉得这份歉疚对自己不会有任何影响。可是，你要知道，任何经历过的歉疚都会像醋酸腐蚀铁制的容器一样慢慢侵蚀你的心灵，久而久之，让你再也无法用明亮、清澈的眼睛和一颗坦然的心对待工作和生活。

一个人只有具备强烈的责任感，对自己的生活和工作时刻抱着负责的态度，才能更坦然和无愧地面对自己的内心。有很多方法可以培养我们内心的责任感。例如注意工作中的细节就有助于责任感的养成。书店的营业员都能经常擦拭书架上的灰尘，公交公司的司机能让自己的车天天保持整洁，这些做法渐渐地就会习惯成自然。当责任感成为一种习惯，成为一个人的生活态度，我们就会自然而然地担负起责任，而不是刻意地去做。当一个人自然而然地做一件事情时，当然不会觉得麻烦，更不会觉得劳累。当你意识到责任在召唤你的时候，你就会随时为责任而放弃其他一切，而且你不会觉得这种放弃有多么艰难。

当责任成为你的工作态度和习惯时，工作对于自身的意义就不仅仅是赚钱那么简单，也就不会因为公司的规定而觉得自己的自由受到了羁绊，更不会做出损害公司利益的事。

作为员工，不要总抱怨老板没有给你机会，有空的时候不妨仔细想一想，你是否能够把老板交给你的任务，漂亮地完成并且没有那么多的废话？你是否平时就给老板留下了一个能够承担责任、勇于负责的印象？如果没有，你就别抱怨机会不来敲你的门。

当你少一些抱怨、少一些牢骚、少一些理由，多一份认真、多一份责任、多一份主动的时候，你再看看机会会不会来敲你的门。

EVERLASTING RESPONSIBILITY

第二章

工作意味着责任

责任常青

通过自己的劳动来
承担过失，使我懂得了
什么叫做责任。

——罗纳德·里根

Everlasting Responsibility

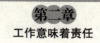
责任是每个人的事

企业兴亡，人人有责。企业的每一名员工都负载着企业生死存亡、兴衰成败的责任，这种责任是不可推卸的，无论你的职位是高还是低。

责任是每个人的事。无论是初入职场的新人，还是职位卑微的小职员，都应当时刻保持强烈的责任感，为自己的工作承担起责任，不能因为自己的工作无足轻重而轻率对待。一个不负责任、没有责任意识的员工，不仅会在工作中为企业带来损失，而且还会为自己的职业生涯带来损害。相反，一个有较强责任感的员工，不仅能够得到老板的信任，同时也会为自己的事业在通往成功的道路上奠定坚实的人格基础。

一个有责任感的员工，不会因为自己职位卑微而忽视自己的责任，相反，他会时刻关心公司的情况，为公司的发展献计献策。比如，他发现公司的员工最近一段时间工作效率比较低，或者他听到一些顾客对员工服务的抱怨，他就把自己的想法和改善的方案写出来投到员工信箱中，为管理者改善管理提供一些参考。而有一些员工就不会发现这些问题，或者发现了也不会反馈到管理层，"那是领导者的事，我们瞎操什么心。说不定费力不讨好呢"。

其实，你的费力绝对不是不讨好的，每一位领导者都会非常感激这样的员工，而且他会觉得很欣慰。因为他的员工能够如此关爱自己的企业，关注着企业的发展，他会为拥有这样的员工而感到骄傲，也只有这样的员工才能够得到领导者的信任。

一家公司的内部报纸开辟了这样一个专栏，叫做"回音壁"，目的就是让员工把他们自己看到的、感受到的有关企业的方方面面写出来，无论是批评还是建议，只要是真实的就可以，并对写出来的员工给予表扬和奖励。因为这家企业的管理者相信，员工是最能感受到企业细节的人，他们这么做，就是想让员工说出对企业的真实声音。这么做极大地调动了员工的能动性，充分发挥了员工的积极性，他们不仅很好地完成了自己的本职工作，而且做了很多额外的工作。

事实上，只要你是企业的一员，你就应当时刻把公司的发展与个人的责任紧密联系在一起，时刻把公司的利益和发展放在心头。这是自我责任的一种延伸，而这种延伸才能真正代表一个人对于企业的责任感和忠诚度。

海尔的一名员工这样说过：

"我会随时把我听到的、看到的关于海尔的意见记下来，哪怕我是在朋友的聚会中，或是走在街上听陌生人讲话。因为作为一名员工，我有责任让我们的产品更好，我们有责任让我们的企业更成熟更完善。"

IBM集团的总裁汤玛士·沃森认为，企业的发展与每个人的努力都息息相关，每个人都可以使企业有所变化。企业里的每一个员工都对其他员工负有责任，这就像互相咬合的齿轮，大家必须紧紧地连在一起，才能共同发挥作用。任何一个人没有承担起自己的责任，企业的发展就会受到严重的阻碍。企业的整体责任属于企业中的每一名成员，无论你的职位高低。

有一位年轻的修女进入修道院以后一直从事织挂毯的工作，做了几个星期之后她再也不愿意干这种无聊的工作了。

她感叹道："给我的指示简直不知所云，我一直在用鲜黄色的丝线编织，却突然又要我打结，把线剪断，这种事完全没有意义，真是在浪费生命。"

身边正在织毯的老修女说："孩子，你的工作并没有浪费，其实你织出的很小的一部分是非常重要的一部分。"

老修女带着她走到工作室里摊开的挂毯面前，年轻的修女呆住了。

原来，她们编织的是一幅美丽的《三王来朝》图，黄线织出的那一部分是圣婴头上的光环。她没想到，在她看来没有任何意义的工作竟是这么伟大。

你可能永远都无法看到整体工作的美，但是缺少了你那部分，整体工作就不完整了。企业就是一个协作体，只有以高度的责任感相互协作，整个企业才能迅速、稳健地向前发展。

在其位，谋其事

不管你现在在哪个职位上，把你该做的事做好，这是你义不容辞的责任所在！

公司里每个位置都对企业的生命力起着至关重要的作用。任何一名员工如果在其位不谋其事，其所在位置的运作就会出现问题。当任何一个位置的价值得不到充分体现时，都会直接削弱企业的生命力。

如果我们把公司看做一个有机体，那么公司里的每一个岗位都是整体的构成元素，任何一个元素的运作出现问题，都会波及整个有机体！

因此，在现代企业中，老板都喜欢那些能够在其位谋其事、具有实干精神和勇于负责的员工。每一位老板都希望任何一个位置的效能都达到尽可能的最大化。

在其位就要谋其事，这是一个人负责任的最好表现，说明他对自己所从事的工作有信心和热情。只要认准了目标，有一份自己认同的工作，那么就要认真、勤奋地好好干。

有人曾就个人与位置之间的关系请教一位成功人士："你为什么能在自己的位置上稳如泰山？"

那个人这样回答道："我在一段时间里会集中精力踏踏实实地做一件事，我会尽全力做好它。简单地说就是在其位就要谋其事。"

西点军人的责任感是我们现代企业员工学习的楷模。西点军人在执行任务中，不论要面对怎样艰巨的困难，他们会毫不犹豫地承担下来，绝不会推脱自己的责任。对西点军人来说责任是荣誉。西点军人历来视能够承担责任的军人为勇士，这可比战死在沙场还要光荣。

毕业于西点军校的海军中将威尔逊，1870年参加海军，22岁时升为上尉。1894年在一次海战中他失去右眼。1896年他晋升为分舰队司令，次年获海军少将衔。在一次战役中他又丧失右臂，复员返乡。1896年重返军队时晋升为海军中将。1899年10月21日在吉巴特拉法尔加角海战中，大败法西联合舰队，最终挫败西班牙入侵美国的计划，他也在作战中阵亡。在阵亡之前，他最后的话是"感谢上帝，我履行了我的职责"。

威尔逊的祈祷内容包括，他期望海军以人道的方式获胜，以有别于他国。他自己做出了榜样，两次下令停止炮击"无敌"号舰，因为他认为该舰已被击中，已丧失了战斗力。但他却死于这艘他两次手下留情的炮舰。该舰从尾桅顶部开火，在当时的情况下，两船甲板之间的距离不超过15米，他的肩膀被击中了。

经过检查才知道是致命伤，这事向除了哈森舰长、牧师和医务人员之外的所有人保密。但威尔逊从后背的感觉以及胸口不断涌出鲜血的情况中知道自己已经回天无术，所以他坚持要外科医生离开，代之以那些他认为有用的人。

哈森说波特医生可能还有希望挽救他的生命。"哦，不，"他说，"这不可能，我的胸全被打透了，波特会告诉你的。"然后哈森再次和他握手，痛苦得难以自制，匆匆地返回甲板。波特问他是不是非常痛。"是的，痛得我恨不得死掉。"他低声回答说，"虽然希望多活一会儿。"

哈森舰长离开船舱15分钟后又回来了。威尔逊很费力地低声对他说："不要把我扔到大海里。"他说最好把他埋葬在父母墓边，除非国王有其他想法。然后他流露了个人感情："关照亲爱的戴维尔夫人，哈森，关照可怜的戴维尔，吻我。"

哈森跪下去吻他的脸。威尔逊说："现在我满意了，感谢上帝，我履行了我的职责！"

他说话越来越困难了，但他仍然清晰地说："感谢上帝，我履行了我的职责！"他几次重复这句话，这也是他最后所说的话。

威尔逊中将的事迹告诉我们，一个人无论自己的能力大小与业绩好坏，只要心中常存责任感，时时刻刻都不忘自己的岗位和职责，那么他就是一个值得尊重的人。

罗耶在米其林公司从事仓库管理员工作，刚开始，他对自己的工作兴趣不大，但他不断告诫自己，务必培养这方面的兴趣，不管以后怎么样，至少不要让自己在工作中感到无聊、烦闷，要以一种愉快的心情在工作中等待更好的机会。但是，米其林公司在法国是有名的大公司，公司内人才济济，要想出人头地，是有相当难度的。

然而，罗耶并不因为现在的这份工作而无精打采，而是抓住一切机会，想尽办法把工作做得更完美。罗耶认为，要想在这个岗位上突出自己，就要让上司明白自己每天都在干些什么，否则就不可能有机会被赏识、被重用。

有了这个想法之后，罗耶给自己制定了几个工作要点：

第一，每天都列表呈报物料的变动情况，并用红线标示接近储存量最低点的产品，提醒上司注意。

第二，单独列表呈报低于规定储存量的产品，以表示存货不足。

第三，存货过多的产品，也单独呈报，让上司检讨、反思。

第四，标示出几个月或长期没有进出口的滞销产品。

这样，通过罗耶的一番精心设计，原来静态的仓库管理工作变得动态起来，而且也引起了上司的注意。

尽管仓库管理员这个岗位没有什么东西值得表现，但几年来，罗耶一直都在竭尽全力表现自己，以给上司留下好印象。最终，罗耶以他认真负责的工作态度赢得了上司的赏识和嘉奖，成为公司一名优秀的中层管理人员。

无论你在什么岗位，只要你能够在其位，谋其事，尽到自己的职责，你就是一名优秀的员工。或许你正在从事一件不合你意的工作，但只要你脚踏实地地干好本职工作，也许现在的岗位就是实现你人生理想的大舞台。

清楚责任，才能更好地承担责任

企业中每个人都有自己的责任，只有清楚地认识到自己的责任，才能更好地承担责任。有些人之所以工作出现问题，就是因为不清楚自己的责任造成的，他们把本该属于自己的责任看成与自己无关，所以没有尽心尽力地去做。当他们认清自己的责任，知道哪些是自己分内必须做好的，哪些是在做好分内工作的基础上才可以做的，他们才不会顾此失彼，才会主次兼顾，才会把决定要做的事情做好。做好该做的事情，是一种崇高的责任，也是优秀员工必须具备的品质。当你明确了自己的责任后，你才会统筹安排，拿出最佳的方案，真正把劲儿使在刀刃上，效率与质量并重，把工作做得趋于完美、无可挑剔。

学会认清责任，是为了更好地承担责任。首先要知道自己应该做什么，然后才知道自己该如何去做，最后再去想怎样做才能够做得更好。

例如，在工作中有时候你会被安排参加一个团队、执行一个独立的项目，这时你的工作职责已经与原岗位相剥离，如果老板或上司交代不清，就会造成团队成员的责任不清，每个人都感到责任重大，到了关键时刻又都负不了责，致使项目进展缓慢，甚至开展不下去。这个时候，你要主动地理清责任关系，使每个人明确自己的责任，才会使项目正常地开展下去。

例如，A、B、C三人被公司选定实施一个项目，公司指定A为工作协调人的角色，主要负责安排任务，每周将具体工作进度和相关情况向公司领导汇报，而没有权力监督执行的结果。由于B、C两人对现场环境缺乏认识，而且又是第一次进入现场项目组，以前在工作中养成的散漫习惯逐渐暴露出来，使项目仅进行了两周就出现了严重的延迟现象。A出于工作需要向B、C两人提意见，但B、C以A无权干涉为由不予理睬。最终A因无法忍受客户的投诉，向公司提出建议，进一步明确项目成员的责任，尤其是增加自己协调人的管理职能。公司针对现场情况，授权A管理和协调现场的人员。于是A用了一周时间将现场工作的注意事项灌输给B和C两人，发生疑问必须立即在团队内部交流。又过了一周，项目的进展情况终于得以扭转。

由此可见，只有认清自己的责任，才能更好地承担责任，正所谓"责任明确，利益直接"。

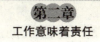

第二章
工作意味着责任

认清自己的责任，可以减少对责任的推诿。只有在责任界限模糊的时候，人们才容易互相推脱责任。在企业里，尤其要明确责任。

南京明城墙是我国保存比较完整的古城墙，也是世界上现存最大的古代砖城，这与它所用砖块的质量不无关系。据记载，该城墙所用砖块都是由长江中下游附近的150多个府（州）、县烧制的，砖的侧面刻着铭文，除时间、府县外，还有4个人的名字，分别是监造官、烧窑匠、制砖人、提调官（运输官）。

砖上刻人名的用意，用现在的话来说，就是职责分明、责任到人。参与人员的名字都刻在砖上，清清楚楚、一目了然，一旦出现问题，谁也赖不掉。无论监造官、提调官，还是烧窑匠、制砖人，哪个环节出了问题，一样要被追究责任。这就使得参与人员丝毫不敢懈怠，尽职尽责地努力工作。最后交砖时，检验更为严格，由检验官指使两名士兵抱砖相击，如铿锵有声、清脆悦耳而不破碎，属于合格；如相击断裂，责令重新烧制。正因为责任如此清楚，才保证了城砖质量上佳，以至南京明城墙历经600多年的风雨，仍巍然屹立。

这个例子给我们带来的启示就是：一个企业一定要有明确的责任体系。权责不明不仅会出现责任真空，而且还容易导致各部门之间或者员工之间互相推诿责任，把自己置于责任之外，这样做使整个公司的利益受到损害。明确的责任体系，是让每一个人都清楚自己做什么，应该怎么做。

"当一群人为了达到某个目标而组织在一起时，这个团队立即产生唇齿相依的关系。"目标是否能实现，是否能达到预期的工作绩效，取决于团队中的成员是否都能对自己负责，彼此负责，最终对整个团队负责。明确责任体系就是要保证成员能够成功地完成这一任务。

此外，明确的责任体系还可以使团队中的成员能够依据这个责任体系建立权责明确的工作关系。这样，团队中的成员对自己的任务就是责无旁贷的，而且有助于成员之间彼此信守工作承诺，最终确保任务的完成。

对团队负责，才能对自己负责

一项战略计划的完成要靠一个团队来实现，而不是仅仅依靠一两个人的力量。公司中的每一位员工，既是一个相对独立的个体，执行计划的个体必须对自己的工作负责，同时又是公司团队中的一员，要对自己所属的团队负责。现代企业强调团队合作，一名员工只有首先对自己的团队负责，才能对自己的工作负责。

2002 年，希丁克把韩国足球队奇迹般地带进了世界杯前四名，韩国举国沸腾了，竟打出了"请荷兰籍的希丁克当总统"的旗号。

希丁克是靠什么赢得民心的？是靠什么让三流的韩国足球进步如此神速？

后来，一位韩国记者在采访一位知名的企业管理教授之后找到了答案：希丁克带来"靠团队成功的足球模式'全攻全守'"，给本来就信奉"团队精神"的韩国人，等于"火上加油"地做到了极致而震撼了全世界。

"全攻全守"意味着每一个人都要为别人的危机而承担防守的责任；每一个人都要为别人的进攻而承担协攻的责任；每一个人的进攻，都要靠别人的协助，才能完成进攻。

这就是希丁克最著名的一句话："进球是11个人一齐踢进去的，失球也是11个人一齐丢失的。"

希丁克教练"全攻全守"的足球模式充分展示了团队精神的力量，同时也给我们带来了一个重要的启示：团队工作是一个整体的工作，只有对团队负责才算得上对自己的工作负责。

前世界首富保罗·盖蒂说："我宁可用100个人每人1%的努力来获得成功，也不要用我一个人100%的努力来获得成功。"

在竞争激烈的年代，组织中的每个成员，若想把工作做好，想获得成功，首先就要想方设法尽快融入一个团队，在工作中积极主动地向自己的上司和同事学习，加强和周围所有人的合作，并在合作中取长补短，这样他才能及时、高效地完成任务，尽好自己的职责。

安妮和詹纳同在一家传媒公司的广告部工作，这天经理布鲁斯分别交给她们一项开发大客户的任务，由于她们的任务都比较艰巨，所以在她们离开经理办公室时，布鲁斯特意叮嘱她们："如果有什么需要帮忙的话可以直接找我，同时要注意和其他部门的协调。"

安妮的业务能力一向很强，她在广告部的业绩也经常名列前茅，她也常常因此感到骄傲，有时候同事们甚至觉得安妮已经骄傲得过了头。离开办公室后，安妮心想："布鲁斯有什么能力，他只不过比我早到公司几年罢了，我解决不了的问题恐怕拿到他那里也没办法解决，再说了开发大客户的任务怎么和其他部门协调，其他部门怎么懂得这种事。凭我自己的能力和智慧一定会完成这项任务的。"

詹纳一向以谦虚好学著称，她的业务能力略逊安妮一筹，不过在团结同事和谦虚的学习精神方面安妮就大不如她了。走出经理办公室以后，她就直接到公司企划部和售后服务部向大家打了一声招呼："过几天我可能有一些问题要向大家请教，同时也需要大家的合作，我先在这里谢谢大家了。"詹纳同时也想，安妮一向骄傲，但如果自己要想实现业务能力的提高就必须向她多学习，不到万不得已的时候不会麻烦布鲁斯先生，但在客户沟通等方面自己确实需要布鲁斯先生的大力鼎助。

这次的任务确实比以前艰难得多，通过向安妮和布鲁斯先生的学习以及公司其他部门的配合，詹纳的任务超额完成了，她为公司带来了好几笔大生意，当然公司也给了她优厚的奖励，而且还让她和其他部门的优秀员工一起到夏威夷免费旅游。而安妮也联系到了一些大客户，但因为她向企划部交代的事项不清楚，导致客户要的方案不够详细，有些客户选择了其他公司；有些客户则因为没有得到更多的服务承诺而离开了；还有一些客户觉得安妮的公司不够重视他们，因为他们从来没有见过更高层的管理者和他们交涉。"这些大客户真是越来越难对付了。"安妮无可奈何地想，最后她只能联系一些小客户以补偿自己在这次任务中的损失。公司也因为没得到那些本该属于自己的大客户而比竞争对手少得到了更多的利润。

对团队负责才能对自己负责,要对团队负责,就要先培养自己的团队意识。

由此可见,那些所谓的对自己负责恰恰成为执行的绊脚石,认为只要自己把工作做好就行了,甚至把自己当做英雄,仅靠自己的能力就能决定一个项目的命运,所以认识不到自己的工作是团队工作的一部分,我行我素,从不肯对团队负责,不肯主动站在团队的角度想想自己的工作应该怎样做,从而影响了团队的执行力,每个人出力不小,却成效甚微。这正如两个人拉车,都使出了浑身的力气,但是方向恰好相反,车又怎么会前行呢?

实际上,对团队负责和对自己负责并不矛盾。一个人只有对团队负责,才能保证自己的工作与团队的工作方向不相违背,才不会为了个人利益而扯团队的后腿,才不会做无用功,费力不少却对公司没一点用处。如果你完成一项工作后,对于公司整个计划起不到促进作用,甚至因为你而影响到组织执行力的发挥,那你称得上是对自己的工作负责吗?显然不是,应该是失职,严重了就是渎职。如果一个人总是以"自我封闭"的方式工作,不愿与别人共同分享团队合作的果实,那么他就无法顺利开展自己的工作,这不仅对企业来讲是一个损失,对员工个人来说也是一个损失,是一个"双输"的结局。

皮特是一个果农,他培植了一种皮薄、肉厚、汁甜而虫害少的新果品。正当收获季节，引来不少果贩纷纷购买，使皮特发了大财，增加了不少财富。

当地不少人羡慕他的成功，也想借用他的种子来种果品，然而皮特却认为物以稀为贵，其他人也种这种果品将会影响自己的生意，所以还是自己独享成功的喜悦为好，于是全部都拒绝了，其他人没有办法，只好到别处去买种子。可是到了第二年果熟季节时，皮特的果品质量大大下降了，果贩们也都摇头不买他的果品。皮特为此伤透了脑筋，只好降价处理了。

皮特想弄清楚产生这种现象的原因，于是就去找专家咨询。专家告诉他："由于附近都种了旧品种果子，而唯有你的是改良品种，所以，开花时经蜜蜂、蝴蝶和风的传粉，把你的品种和旧品种杂交了，当然你的果子就变质了。""那可怎么办？"皮特急切地问。

"那还不好办，只要把你的好品种分给大家共同来种，不就行了。"

皮特立即照专家说的办了，这一年，大家都收到了好果品，个个都喜笑颜开。

皮特刚开始想独享财富，谁料想独享的财富不仅短暂，而且还带有毁灭性的后果。后来，他把改良的品种分给大家来种，不仅自己获得了财富，也帮助别人获得了财富，取得了"双赢"的成果。

只有让自己的才华融入整个团队，学会与别人分享、合作，才能实现工作上的"双赢"，取得"1＋1＞2"的效果。

责任无小事

责任无小事。每个人所做的工作都是由一件件小事构成的，但不能因此而对工作中的小事敷衍应付，轻视责任。可能由于你在工作中的一个小疏忽，就能给企业带来无法挽回的损失。

"环大西洋"号海轮的沉没在这里为我们敲响了一个警钟。当巴西海顺远洋运输公司派出的救援船到达出事地点时，"环大西洋"号海轮已经消失了，21名船员不见了，海面上只有一个救生电台有节奏地发着求救的信号。救援人员看着平静的大海发呆，谁也想不明白在这个海况极好的地方到底发生了什么，从而导致这条最先进的船沉没。这时有人发现电台下面绑着一个密封的瓶子，打开瓶子，里面有一张纸条，用21种笔迹这样写着：

一水汤姆：3月21日，我在奥克兰港私自买了一个台灯，想给妻子写信时照明用。

二副瑟曼：我看见汤姆拿着台灯回船，说了句"这小台灯底座轻，船晃时别让它倒下来"，但没有干涉。

三副帕蒂：3月21日下午船离港，我发现救生筏施放器有问题，就将救生筏绑在架子上。

二水戴维斯：离岗检查时，发现水手区的闭门器损坏，用铁丝将门绑牢。

二管轮安特尔：我检查消防设施时，发现水手区的消火栓锈蚀，心想还有几天就到码头了，到时候再换。

船长麦特：起航时，工作繁忙，没有看甲板部和轮机部的安全检查报告。

机匠丹尼尔：3月23日上午理查德和苏勒的房间消防探头连续报警。我和瓦尔特进去后，未发现火苗，判定探头误报警，拆掉交给惠特曼，要求换新的。

机匠瓦尔特：我就是瓦尔特。

大管轮惠特曼：我说正忙着，等一会儿拿给你们。

服务生斯科尼：3月23日13点到理查德房间找他，他不在，坐了一会儿，随手开了他的台灯。

大副克姆普：3月23日13点半，带苏勒和罗伯特进行安全巡视，没有进理查德和苏勒的房间，说了句"你们的房间自己进去看看"。

一水苏勒：我笑了笑，也没有进房间，跟在克姆普后面。

一水罗伯特：我也没有进房间，跟在苏勒后面。

机电长科恩：3月23日14点，我发现跳闸了，因为这是以前也出现过的现象，没多想，就将闸合上，没有查明原因。

三管轮马辛：感到空气不好，先打电话到厨房，证明没有问题后，又让船舱打开通风阀。

大厨史若：我接马辛电话时，开玩笑说，我们在这里有什么问题？你还不来帮我们做饭？然后问乌苏拉："我们这里都安全吗？"

二厨乌苏拉：我也感觉空气不好，但觉得我们这里很安全，就继续做饭。

机匠努波：我接到马辛电话后，打开通风阀。

管事戴思蒙：14点半，我召集所有不在岗位的人到厨房帮忙做饭，晚上会餐。

医生英里斯：我没有巡诊。

电工荷尔因：晚上我值班时跑进了餐厅。

最后是船长麦特写的话：19点半发现火灾时，汤姆和苏勒房间已经烧穿，一切糟糕透了，我们没有办法控制火情，而且火越来越大，直到整条船上都是火。我们每个人都犯了一点小错误，但酿成了船毁人亡的大错。

看完这张绝笔纸条，救援人员谁也没说话，海面上死一样的寂静，大家仿佛清晰地看到了整个事故的过程。

责任无小事。现实工作中的失败，常常不是因为"十恶不赦"的错误引起的，而恰恰是那些一个个不足挂齿的"小错误"积累而成的。

在精细化时代，工作中任何一个环节出了差错，都事关大局。牵一发而动全身，每一件细小的事情所产生的后果都会被不断扩大，这些早已不再是微不足道的小事情。

细微之处最能体现出一个人的责任心。一个没有责任感的人不会成为一名优秀员工，而一个不注重细节，不把小事做细、做好的员工也称不上是一个具有责任感的员工。

小田千惠是日本东京贸易公司的一位专门负责为客商订票的接待员，工作职责就是为往来的客户订购飞机票、火车票。有一段时间，由于业务的需要，她时常会为德国一家商务公司的经理订购往返于东京和大阪的车票。

后来，这位德国经理发现了一个非常有趣的现象：他每次去大阪时，座位总是紧临右边的窗口，返回东京时，又总是坐在靠左边窗口的位置上。这样，每次在旅途中他总能在抬头间看到美丽的富士山。

"不会总是这么好运气吧？"这位经理对此百思不得其解，随后便饶有兴趣地去问小田千惠。

"哦，是这样的，"小田千惠笑着解释说，"您乘车去大阪时，日本最著名的富士山在车的右边。据我的观察，外国人都很喜欢富士山的壮丽景色，而回来时富士山却在车的左侧，所以，每次我都特意为您预订了可以一览富士山的位置。"

听完小田千惠的这番话，那位德国经理的内心深处产生了强烈的震撼，由衷地赞美道："谢谢，真是太谢谢你了，你真是一个很出色的员工！"

小田千惠笑着回答说："谢谢您的夸奖，这完全是我职责范围内的工作。在我们公司，其他同事比我还要尽职尽责呢！"

德国经理在感动之余，对东京贸易公司的领导层不无感慨地说："就这样一件小事，贵公司的职员都想得如此周到细心，那么，毫无疑问，你们会对我们即将合作的庞大计划尽心竭力的。所以与你们合作我一百个放心！"

令小田千惠没有想到的是，因为她的尽职尽责，这位德国经理将贸易额从原来的 500 万美元一下子提高至 2 000 万美元。

更令小田千惠惊喜的是，不久她就由一名普通的接待员被提升至接待部的主管。

像小田千惠这样的人在企业里无疑就是一名优秀员工。

因为她将责任根植于内心，让它成为其脑海中的一种自觉意识，这样一来，她就能够对日常工作中的每一个细微之处都做到尽职尽责。正是这种关注小事的负责精神为她带来了事业上的成功。

EVERLASTING RESPONSIBILITY

第三章

勇于负责，绝不推卸责任

就算你注定要做个扫大街的清洁工，也要对自己的职责全力以赴，就好像米开朗琪罗作画、贝多芬作曲或是莎士比亚写诗那样投入。倾注全力达到最高的工作成就，让每个人都为你驻足赞叹，这个清洁工的表现真是杰出。

——马丁·路德·金

Everlasting Responsibility

对结果负责

有一部非常感人的电影叫《勇敢的心》，说的是苏格兰人追求独立自由的故事。其中男主角对苏格兰王位继承者说的一句话让人至今难忘："人们总是追随勇敢的人，如果你为他们争得自由，他们就会追随你，我也会。"

主人公将民族的责任用简单的语言表述得清清楚楚，不难看出，一个人最有魅力的时刻莫过于他承担起责任的那一瞬间。

承担责任，一个重要的原则就是对自己工作的结果负责。在一个企业中，只有那些勇于承担、为自己行为结果负责的人，才能赢得老板的信任和青睐。美国塞文机器公司前董事长保罗·查莱顿曾经这样说：

"我不止一次警告我手下的员工，如果有谁说：'那不是我的错，那是他（其他的同事）的责任。'被我听到的话，我就会毫不留情地开除他。因为说这话的人显然对我们公司没有足够的兴趣。你愿意站在那里，眼睁睁地看着一个醉鬼坐进车里去开车，或是一个两岁大的小孩单独在码头上玩耍吗？我是绝不允许你那么做的，你必须去制止那个醉鬼的行动，必须跑过去保护那个两岁的小孩才行。

同样，不论是不是你的责任，只要关系到公司的利益，你就不可以置身事外，你都该毫不迟疑地加以维护。因为，如果一个员工想要得到提升，任何一件事情都与他有关联。如果你想使老板相信你是个可造之才，最好、最快的方法，莫过于积极寻找并抓牢促进公司发展的机会，哪怕不关你的责任，你也要这么做。"

由此可见，老板心目中的优秀员工，应当是勇于负责的员工。只有对自己的行为负责、对公司和老板负责、对客户负责的人，才是老板关注的良好员工。

当通用电气前 CEO 杰克·韦尔奇还是工程师时，曾经历过一次极为恐怖的大爆炸：他负责的实验室发生了大爆炸，一大块天花板被炸下来，掉在地板上。

为此，他找到了他的顶头上司理查德解释事故的原因。当时他紧张得失魂落魄，自信心就像那块被炸下来的天花板一样开始动摇。

理查德非常通情达理。他所关注的是，韦尔奇从这次大爆炸中学到了什么东西，以及如何修补和继续这个项目。他对韦尔奇说："我们最好是现在就对这个问题进行彻底的了解，而不是等到以后进行大规模生产的时候。"韦尔奇本来以为会是一场严肃的批评，而实际上理查德却表示完全理解，没有任何情绪化的表现。

杰克·韦尔奇的行为不仅表现出他敢于承担责任的勇气，也反映了他诚信的品质。工作中难免出现这样或那样的问题，产生问题的原因有很多，虽然主要责任者可能是一个人，但相关人员肯定也有一定的责任。如果流水线工人出现了差错，主要原因是他未按操作指导书操作，但次要原因有很多，如公司的培训是否到位、操作指导书的内容是否明确无误等。

但在讨论、分析错误产生的原因时，无论是由于你的直接过错引起的，还是由于你的间接过错引起的，你都应该勇敢地承认自己的错误。这样不仅有利于问题的解决，而且还有助于化解由于互相推卸责任而造成的公司内部矛盾。

勇于承担责任，对自己的工作结果负责，能够加强组织团结，保证工作顺利进行，同时，它也是成就一个人事业的可贵品质。

罗杰斯是一位20多岁的美国小伙，几年前他在一家裁缝店学成出师之后来到加州的一个城市，开了一家自己的裁缝店。由于他做活认真，价格又便宜，很快就声名远播，许多人慕名而来找他做衣服。有一天，风姿绰约的贝勒太太让罗杰斯为她做一套晚礼服，等罗杰斯做完的时候，发现袖子比贝勒太太要求的长了半寸，但贝勒太太就要来取这套晚礼服了，罗杰斯已经来不及修改衣服了。

贝勒太太来到罗杰斯的店中，她穿上了晚礼服在镜子前照来照去，同时不住地称赞罗杰斯的手艺，于是她按说好的价格付钱给罗杰斯。没想到罗杰斯竟坚决拒绝。贝勒太太非常纳闷。罗杰斯解释说："太太，我不能收您的钱。因为我把晚礼服的袖子做长了半寸。为此我很抱歉。如果您能再给我一点时间，我非常愿意把它修改到您需求的尺寸。"

听了罗杰斯的话后，贝勒太太一再表示她对晚礼服很满意，她不介意那半寸。但不管贝勒太太怎么说，罗杰斯无论如何也不肯收她的钱，最后贝勒太太只好让步。

在去参加晚会的路上，贝勒太太对丈夫说："罗杰斯以后一定会出名的，他勇于承认错误、承担责任及对结果认真负责的工作态度让我震惊。"

贝勒太太的话一点也没错。后来，罗杰斯果然成为一位世界闻名的高级服装设计大师。

对结果负责才能对自己的工作负责，如果你推卸责任，或许老板认为你还有其他长处可用，不会当众揭穿你推卸责任的行为，但在他心中，早已把你归到不可靠员工的行列之中了。因此，你要对自己的工作和人生负责，就要养成对结果负责的习惯。

不要把责任推给别人

现在，勇于承担责任的人已经越来越少了，都学会互相推诿和转让责任，还美其名曰："转让风险。"当你初涉职场的时候，会有一些前辈非常老道地对你说："凡事不要揽责任，你才会在公司里不犯错误。"话是不错，这样可以避免引火烧身，但是你在老板眼中从此就是一个缩头缩脑的人，凡事都不敢负责任的人。

三只饥寒交迫的老鼠一起去偷油，它们决定采用叠罗汉的方式，轮流喝油。当其中一只老鼠爬到另外两只老鼠的肩膀上，"胜利"在望时，不知什么原因，油瓶突然倒了，巨大的响声惊醒了主人，它们只好抱头鼠窜，落荒而逃。

回到鼠洞后，它们聚在一起开了个内部会议，讨论这次集体偷油失败的潜在原因。

最上面的老鼠说："因为下面的老鼠抖动了一下，所以，我不小心碰倒了油瓶。"

中间那只老鼠说："我感觉到下面的老鼠抖动了一下，于是我也抖动了一下。"

而最下面的老鼠说："我隐约听见有猫的叫声，所以抖动了一下。"

原来如此——谁都没有责任。

企业中经常会遇到类似的情境。

在某家公司的内部会议上我们就可以听到类似的推诿。营销部经理说："最近销售不理想，我们得负一定的责任，但主要原因在于对手推出的新产品比我们的产品先进。"

研发经理"认真"总结道："最近推出新产品少是由于研发预算少，大家都知道杯水车薪的预算还被财务部门削减了。"

财务经理马上接着解释："公司成本在上升，我们能节约就节约。"

这时，采购经理跳起来说："采购成本上升了10％，是由于俄罗斯一个生产铬的矿山爆炸了，导致不锈钢价格急速攀升。"

于是，大家异口同声说："原来如此！"言外之意便是：大家都没有责任。

最后，人力资源经理终于发言："这样说来，我只好去考核俄罗斯的矿山了？”

这样的情景经常在不同企业上演着——当工作出现困难时，各部门不寻找自身的问题，而是指责相关部门没有配合好自己的工作。相互推诿、扯皮，责任能推就推，事情能躲就躲，最后，问题只有不了了之。

互相推诿、扯皮不仅严重影响我们的工作绩效，同时还会对企业的发展造成巨大的损失。

A公司是重庆一家中等规模的食品公司。由于厂房地势较低，每年都要经历1～2次的抗洪抢险。有一年夏天，老板出差到海南去了。出差之前，他叮咛几位主要负责人："时刻注意天气预报。"

有一天晚上，远在海南的老板给几位负责人打电话，因为他看到天气预报说有雨，担心厂房被淹。当时，厂房所在地已经下雨了，可能由于天气原因，老板一连打了几个电话都打不通，最后打到了人力资源部经理的家里，让他立即到公司查看一下。

"嗯，我马上处理，请放心！"接完电话，人力资源部经理并没有到公司去，他心里想：这事是安全部的事情，不该我这个人力资源部经理去处理，何况我的家离公司还有好长一段路，去一趟也费事。于是，他给安全部经理打了一个电话，提醒他去公司看一下。

安全部经理接到电话后十分不悦，认为人力资源部经理无权管理安全部的事情。于是，他也没有去公司，心想："反正有

安全科科长在，不用管它了。"

安全科科长没有接到电话，但他知道下雨了，并且清楚下雨意味着什么，但他心里想有好几个保安在厂里，用不着他操心。当时，他正在陪朋友打麻将，为了避免"干扰"，他甚至把手机也关了。

只有几个保安留在厂里。但是，用于防洪抽水的几台抽水机没有柴油了，他们打电话给安全科科长，科长的电话关机，他们也就没有再打，也没有采取其他措施，早早地睡觉去了，值班的那一位保安睡在值班室里，睡得最沉，他以为雨不会下很大。

到凌晨两点左右，雨突然大起来，值班保安被雷声惊醒时，水已经漫到床边！他立即给消防队打电话。

消防队虽然来得很及时，但由于通知太晚，三个车间全部被淹，数十吨成品、半成品和原辅材料泡在水中，直接经济损失达数百万元！

事后，追究责任时，每一个人都说自己没有责任。

人力资源部经理说："这不是我的责任，而且我是通知了安全部经理的。"

安全部经理说："这是安全科科长的责任。"

安全科科长说："保安不该睡觉。"

保安说："本来可以不发生这样的险情，但抽水机没有柴油了，是行政部的责任，他们没有及时买回柴油来。"

行政部经理说："这个月费用预算超支了，我没办法。应该追究财务部责任，他们把预算定得太死。"

财务部经理说："控制开支是我们的职责，我们何罪之有？"

老板听了，火冒三丈："你们每个人都没有责任，那就是老天爷的责任了！我并不是要你们赔偿损失，我要的是你们的责任感和工作态度，要的是你们对这件事情的反思，要的是不再发生同样的事故，可你们却只会推卸责任！"

A公司这样的事例确实令人痛心、发人深省。如果公司的每一位员工都能够主动地承担责任，不把责任推给别人，公司就不会有这么大的损失。企业是每个人的，责任不分你我，在责任面前，每个人都有义务承担，这样企业才能实现永续发展。

勇于承担，为老板排忧解难

一个责任感强的员工应当在老板和公司最需要的关键时刻挺身而出，为老板分忧解难，帮老板解决问题。你还记得抗洪中感人的情景吗？当堤坝上出现缺口的时候，谁在附近谁就用身体堵上去，因为那是关键时刻，刻不容缓。同样，公司的经营和运转也像堤坝一样，随时都会出现许多意外的事件，给公司和老板带来棘手的问题，有些迫在眉睫，必须马上解决，这时候你就要在知道自身能力的情况下，挺身而出，帮老板解决所遇到的问题。

不要在心里说：反正不是我的事，还有别人，我干吗要出头，做吃力不讨好的事。不要以为自己现在还处于公司最低层就逃避责任，就不敢去做，犹豫徘徊。

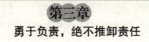

第三章
勇于负责，绝不推卸责任

古代著名的谋士毛遂在这里就为我们做了一个很好的榜样。战国时期，一次秦国攻打赵国，把赵国的都城邯郸围困起来了。在这危急关头，赵王决定派自己的弟弟平原君赵胜代替自己到楚国去，请求楚国出兵抗秦，并和楚国签订联合抗秦的盟约。

到了楚国，平原君献上礼物，和楚王商谈出兵抗秦的事。可是谈了一天，楚王还是犹豫不决，没有答应。这时，站在台下的毛遂手按剑柄，快步登上会谈的大殿。毛遂对平原君说："两国联合抗秦的事，道理是十分清楚的。为什么从日出谈到日落，还没有个结果呢？"

楚王听了毛遂的话很不高兴，就斥责他退下去。毛遂不但不害怕，反而威严地走近楚王，大声地说："你们楚国是个大国，理应称霸天下，可是在秦军面前，你们竟胆小如鼠。想从前，秦军的兵马曾攻占你们的都城，并且烧掉了你们的祖坟。这奇耻大辱，连我们赵国人都感到羞耻，难道大王您忘了吗？再说，楚国和赵国联合抗秦，也不只是为了赵国。我们赵国灭亡了，楚国还能长久吗？"

毛遂这一番话义正词严，使楚王点头称是，于是就签订了联合抗秦的盟约，并出兵解救了赵国。平原君回到赵国后，把毛遂尊为宾客，并且很重用他。

一块大石头往往需要小石头支撑才能放稳。有时候，下属的"补充"正好可以弥补老板在管理上的不足，这也是优秀员工应当承担的责任之一。

一位咨询公司的顾问谈起了他曾经服务的一家公司，该公司老板精力旺盛，而且对流行趋势的反应极其敏锐。他才华横溢、精明干练，但是管理风格却十分独裁，对下属总是颐指气使，从不给他们独当一面的机会，人人都只是奉命行事的小角色，连主管也不例外。

这种作风几乎使所有主管离心离德，多数员工一有机会便聚集在走廊上大发牢骚。乍听之下，不但言之有理而且用心良苦，仿佛全心全意为公司着想。只可惜他们光说不练，把上司的缺失作为自己工作不力的借口。

一位主管说："你绝对不会相信，那天我把所有事情都安排好了，他却突然跑来指示一番。就凭一句话，把我这几个月来的努力一笔勾销，我真不知道该如何再做下去。他还有多久才退休？"

然而，有一位叫祥刚的主管却不愿意加入抱怨者的行列。他并非不了解顶头上司的缺点，但他的回应不是批评，而是设法弥补这些缺失。上司颐指气使，他就加以缓冲，减轻下属的压力，又设法配合上司的长处，把努力的重点放在能够着力的范围内。

受差遣时，他总是尽量多做一步，设身处地体会上司的需要与心意。如果奉命提供资料，他就附上资料分析，并根据分析结果提出建议。

有一次，老板外出，在那天半夜里，保安紧急通知几位主管，公司前不久因违纪开除的三名员工纠集外面一帮"烂仔"打进厂里来了，已打伤了数名保安和员工，砸烂了写字楼玻璃门。其他几位主管因为对老板心怀不满而不愿担负责任，就干

脆装作不知道。而当祥刚接到通知后，立刻赶赴现场，他首先想到的就是报警，接着又请求治安员火速增援。为控制局面，他用喇叭喊话，同对方谈判，稳住对方，直到民警和治安队员赶来将这帮肇事者一网打尽。

这件事情过后，祥刚赢得了其他部门主管的敬佩与认可，老板也对他极为倚重，公司里任何重大决策必经他的参与及认可。

企业的发展不可能风平浪静，企业的管理也不可能滴水不漏，老板的才能也不可能没有欠缺，一个勇于负责的员工应当在老板需要的时刻挺身而出，该出手时就出手，为老板分担风险，这样你必将赢得其他同事的尊敬，更能得到老板的信任和器重。而那些认为多一事不如少一事、逃避责任的员工，是永远都不会进入老板视野的，也永远成不了公司的核心员工，成不了公司发展的核心力量。

主动负责，不找借口

任何借口都是推卸责任。一个具有强烈责任感的员工会把寻找借口的时间和精力用到工作中去，努力去实现目标，敢于承担责任。事实上，每一个借口，都暗示着员工的懦弱与不负责任。

杰克在一次与朋友的聚会中神情激愤地对朋友抱怨老板长

期以来不肯给自己机会。他说："我已经在公司的底层挣扎了 15
年，仍时刻面临着失业的危险。15 年，我从一个朝气蓬勃的青
年人熬成了中年人，难道我对公司还不够忠诚吗？为什么他就
是不肯给我机会呢？"

"那你为什么不自己去争取呢？"朋友疑惑不解地问。

"我当然争取过，但是争取来的却不是我想要的机会，那只
会使我的生活和工作变得更加糟糕。"他依旧愤愤不平，甚至义
愤填膺。

"能对我讲一下那是为什么吗？"

"当然可以！前些日子，公司派我去海外营业部，但是像我
这样的年纪、这种体质，怎能经受如此的折腾呢？"

"这难道不是你梦寐以求的机会吗，怎么你会认为这是一种
折腾呢？"

"难道你没看出来？"杰克大叫起来，"公司本部有那么多的
职位，为什么要派我去那么遥远的地方，远离故乡、亲人、朋
友？那可是我生活的重心呀！再说我的身体也不允许呀！我有
心脏病，这一点公司所有的人都知道。怎么可以派一个有心脏
病的人去做那种'开荒牛'的工作呢，又脏又累，任务繁重又
没有前途……"他仍旧絮絮叨叨地罗列着他根本不能去海外营
业部的种种理由！

这次他的朋友沉默了，因为他终于明白为什么 15 年来杰克
仍没有获得他想要的机会。并且也由此断定，在以后的工作中，
杰克仍然无法获得他想要的机会，也许终其一生，他也只能
等待。

第三章
勇于负责，绝不推卸责任

借口的根源在于缺乏责任心，找借口只会使你与成功失之交臂。

事后为自己找借口，说明你在用借口向别人表明你拒绝汲取教训，你想找借口为自己开脱责任。如果你总是在事后为自己找借口推脱责任，而不去深刻反思，认真总结，那么，以后遇到类似情况，成功仍然会与你无缘。一位成功学大师说过，失败者抱怨他人，成功者反思自己。有一个发生在美国海军陆战队的故事，生动地说明了这个道理。

有一天，一名军官下部队去看望士兵。在军营里，军官看见一名士兵戴的帽子很大，大得快把眼睛遮住了，他走过去问这个士兵：

"你的帽子怎么会这么大？"

"报告长官，不是我的帽子太大，而是我的头太小了。"士兵立正说道。

军官听了哈哈大笑："头太小不就是帽子太大吗？"

士兵说："一个军人，如果遇到什么问题，应该先从自己身上找原因，而不是从别的方面找原因。"

军官点点头，似有所悟。

10年后，这名士兵成了一位伟大的将军。

找借口会让一个人在工作中避难就易，失去担当责任的勇气。如果整个企业都形成了找借口推脱责任的风气，那么，整个企业的凝聚力和执行力就会大打折扣。

RESPONSIBILITY 责任常青

　　威廉·安肯在担任维亚康姆机械公司销售经理期间，该公司的财政发生了困难。这件事被驻外负责推销的销售人员知道了，工作热情大打折扣，销售量开始下滑。到后来，销售部门不得不召集全美各地的销售人员开一次大会，威廉亲自主持会议。

　　首先是由各位销售人员发言，他们一一站起来以后，似乎每个人都有一段最令人震惊的悲惨故事要向大家倾诉：商业不景气、资金短缺、人们都希望等到总统大选揭晓以后再买东西，等等。

　　当第五个销售员开始列举使他无法完成销售配额的种种困难时，威廉再也坐不住了，他突然跳到了会议桌上，高举双手，要求大家肃静。然后他说："停止，我命令大会停止10分钟，让我把我的皮鞋擦亮。"

　　随后，他叫来坐在附近的一名黑人小工，让他把擦鞋工具箱拿来，并要求这位工人把他的皮鞋擦亮，而他就站在桌子上不动。

　　在场的销售员都惊呆了。人们开始窃窃私语，觉得威廉简直是疯了。

　　皮鞋擦亮以后，威廉站在桌子上开始了他的演讲。他说：

　　"我希望你们每个人，好好看看这位小工友，他拥有在我们整个工厂和办公室内擦鞋的特权。他的前任是位白人小男孩，年纪比他大得多。尽管公司每周补助他5美元的薪水，而且工厂内有数千名员工，但他仍然无法从这个公司赚取足以维持他生活的费用。"

　　"这位黑人小孩不仅可以赚到相当不错的收入，既不需要公司补贴薪水，每周还可以存下一点钱来，而他和他前任的工作环境完全相同，也在同一家工厂里，工作的对象也完全一样。"

"现在我问诸位一个问题：那个白人小男孩拉不到更多的生意，是谁的错？是他的错还是顾客的错？"

那些推销员们不约而同地说："当然，是那个小男孩的错。"

"正是如此，"威廉接着说："现在我要告诉你们的是，你们现在推销的机器和去年的完全相同，同样的地区、同样的对象以及同样的商业条件。但是，你们的销售业绩却大不如去年。这是谁的错？是你们的错还是顾客的错？"

同样又传来如雷般的回答："当然，是我们的错。"

"我很高兴，你们能坦率承认自己的错误。"威廉继续说："我现在要告诉你们，你们的错误就在于，你们听到了有关公司财务陷入危机的传说，这影响了你们的工作热情，因此你们就不像以前那般努力了。只要你们回到自己的销售地区，并保证在以后30天之内每人卖出5台机器，那么，本公司就不会再发生什么财务危机了。请记住你们的工作是什么，你们愿意这样去做吗？"

下边的人异口同声地回答："愿意！"

后来他们果然办到了。那些被推销员们曾强调的种种借口：商业不景气、资金短缺、人们都希望等到总统大选揭晓后再买东西，等等，仿佛根本不存在似的，统统消失了。

找借口的人永远将眼光盯着别人，认为出现问题是别人的事，与自己无关，而不懂得在问题中反省自身，承担起自己的责任。这样的员工永远也不会有太大的发展，由这样的员工组成的企业也不可能基业常青。

让问题止于自己

美国总统杜鲁门上任后，在自己的办公桌上摆了个牌子，上面写着"book of stop here"，翻译成中文是："问题到此为止。"意思是说："让自己负起责任来，不要把问题丢给别人。"由此可见，负责是一个人不可缺少的精神。

大多数情况下，人们会对那些容易解决的事情负责，而把那些有难度的事情推给别人，这种思维常常会导致我们工作上的失败。

有一个著名的企业家说："职员必须停止把问题推给别人，应该学会运用自己的意志力和责任感，着手行动，处理这些问题，让自己真正承担起自己的责任来。"

你想成为钢铁大王安德鲁·卡内基那样成功的人吗？首先你就要学习卡内基是怎样勇于承担责任的。

卡内基年轻的时候，曾经在铁路公司做电报员。一次正好他值班，突然收到了一封紧急电报，原来在附近的铁路上，有一列装满货物的火车出了轨道，要求上司通知所有要通过这条铁路的火车改变路线或者暂停运行，以免发生撞车事故。

因为是星期天，一连打了好几个电话，卡内基也找不到主管上司，眼看时间一分一秒地过去，而正有一次列车驶向出事地点。此时，卡内基做了一个大胆的决定，他冒充上司给所有要经过这里的列车司机发出命令，让他们立即改变轨道。按照当时铁路公司的规定，电报员擅自冒用上级名义发报，唯一的处分就是立即开除。卡内基十分清楚这项规定，于是在发完命令后，就写了一封辞职信，放到了上司的办公桌上。

第二天，卡内基没有去上班，却接到了上司的电话。来到上司的办公室后，这位向来以严厉著称的上司当着卡内基的面将辞职信撕碎，微笑着对卡内基说："由于我要调到公司的其他部门工作，我们已经决定由你担任这里的负责人。不是因为其他任何原因，只是因为你在正确的时机做了一个正确的选择。"

在企业的发展过程中，总会不可避免地遭遇到各种问题的困扰。它们的出现，就像太阳日升夜落般自然。所以，老板们迫切需要那种能及时解决问题的人才。

在老板眼中，没有任何事情能够比一个员工处理和解决问题，更能表现出他的责任感、主动性和独当一面的能力。一个经常为老板解决问题的人，当然能得到老板的青睐。首先，他没有让问题延误，酿成大患；其次，他让老板非常省心省力，老板因此可以把精力集中到更重大的工作上。有了这样的员工，老板就少了很多后顾之忧。

从根本上讲，老板欣赏处事冷静、善于解决问题的员工，这就是惺惺相惜。有些人之所以能做老板，敢于直面问题、能够妥善解决问题正是其中的一个重要原因。

所以，工作中遇到林林总总的问题时，不要幻想逃避，也不要犹豫不决，更不要依赖他人的意见，而要敢于做出自己的判断。对于自己能够判断，而又是本职范围内的事情，要大胆

地去拿主意，不必全部请教老板。要让问题止于自己。解决了
这些问题，你才能迎向新的契机。而当周围的人们都喜欢找你
解决问题时，你无形中就建立起了善于解决问题的好名声，取
得了胜人一筹的竞争优势，老板自然就会知道你是个良才。

EVERLASTING RESPONSIBILITY

第四章

敬业，责任心的延伸

伟大的代价就是责任。

——温斯顿·丘吉尔

Everlasting Responsibility

从意识到自己的责任开始

敬业，是一个人责任心的延伸。一个敬业的员工首先要是一个责任心强的员工。敬业要从意识到自己的责任开始。

有的人在工作中缺乏责任意识，是因为这样一种思想在作祟："负责是有权力的人的事情，我只是一个小兵，责任与我何干？"这种观点是大错特错、极为害人的。抱着这种心态工作的员工，也不可能是一个敬业的好员工。不同的职位有不同的职责，从来就没有一种职位不需要负责，即使职位再渺小、工作再平凡，也伴有不可推卸的责任。

在一所大医院的手术室里，一位年轻护士第一次担任责任护士。

"大夫，你取出了 11 块纱布，"她对外科大夫说，"我们用的是 12 块"。

"我已经都取出来了，"医生断言道，"我们现在就开始缝合伤口。"

"不行。"护士抗议说，"我们用了 12 块。"

"由我负责好了！"外科大夫严厉地说，"缝合。"

"你不能这样做！"护士激烈地喊道，"你要为病人负责！"

大夫微微一笑，举起他的手，让护士看了看这第十二块纱布："你是一位合格的护士。"他说道。他在考验她是否有责任感——而她具备了这一点。

一位人力资源总监认为，现在有些员工，只想着报酬，却很少付出，缺乏责任意识，更不愿意承担责任。

在一些员工看来，只有那些有权力的人才有责任，而自己只是一名普通员工，没什么责任可言。一旦出现错误，有权力的人理应承担责任。有这种想法的员工，是不会有大发展的。

责任不会因为职位渺小而变得无足轻重，更不会因为受到权力的干扰而躲藏起来。责任面前，人人平等。只要是你的责任，你就要勇敢地承担。

小林是一名刚刚走出校园的大学生，他到一家钢铁公司工作还不到一个月，就发现很多炼铁的矿石并没有得到充分的冶炼，一些矿石中还残留着没有被冶炼充分的铁。如果这样下去的话，公司会有很大的损失。于是，他找到了负责这项工作的工人，跟他说明了问题，这位工人说："如果技术有了问题，工程师一定会跟我说，现在还没有哪一位工程师向我说明这个问题，说明现在还没有问题。"小林又找到了负责技术的工程师，对工程师说明了他看到的问题。工程师很自信地说："我们的技术是世界上一流的，怎么可能会有这样的问题？"工程师并没有把他说的看成是一个很大的问题，还暗自认为，一个刚刚毕业的大学生，能明白多少，可能是因为想博得别人的好感而表现自己吧！

但是小林认为这是个很大的问题，于是拿着没有冶炼充分的矿石找到了公司负责技术的总工程师，他说："先生，我认为这是一块没有冶炼充分的矿石，您认为呢？"

总工程师看了一眼，说："没错，年轻人你说得对。哪来的矿石？"

小林说："是我们公司的。"

"怎么会，我们公司的技术是一流的，怎么可能会有这样的问题？"总工程师很诧异。

"工程师也这么说，但事实确实如此。"小林坚持道。

"看来是出问题了。怎么没有人向我反映呢？"总工程师有些发火了。

总工程师召集负责技术的工程师来到车间，果然发现了一些冶炼并不充分的矿石。经过检查发现，原来是监测机器的某个零件出现了问题，才导致了冶炼的不充分。

公司总经理知道了这件事后，不但奖励了小林，而且还晋升他为负责技术监督的工程师。总经理不无感慨地说："我们公司并不缺少工程师，但缺少的是负责任的工程师，这么多工程师就没有一个人发现问题，并且有人提出了问题，他们还不以为然。对于一个企业来讲，人才是重要的，但是更重要的是真正有责任感和忠诚于公司的人才。"

小林从一个刚刚毕业的大学生晋升为负责技术监督的工程师，可以说是一个飞跃，他获得工作之后的第一步成功就是来自于他对工作的一种强烈的责任感，他的这种责任感让领导者认为可以对他委以重任。

如果你的老板让你去传达某一个命令或者指示，而你却发现这样可能会大大影响公司的利益，那么你一定要理直气壮地提出来，不必去想你的意见可能会让你的老板大为恼火或者就此冲撞了你的老板。大胆地说出你的想法，让你的老板明白，作为员工的你不是在刻板地执行他的命令，你一直都在斟酌考虑，考虑怎样做才能更好地维护公司的利益和他的利益。老板不会因为你的责任感和忠诚而批评或者责难你，相反，你的老板会因为你的这种责任感而对你青睐有加。意识到自己的责任感是你走向敬业爱岗的第一步。一种职业的责任感会让你成为一个老板信赖的人，并且会被委以重任。

视职业为使命

"使命"常常出现在宗教、艺术等领域，但微软公司总裁比尔·盖茨却认为"使命"这个词在工作中也有着十分重要的意义，它是一个人职业精神不可分割的一部分。一个敬业负责的员工应该把使命感和职业紧紧联系到一起。

"使命"是指一个人被内心深处的自己召唤去做一些事，它具有无比神奇的力量。能不能把自己的职业视为使命决定了一个人能否在心中做到真正的敬业。

佩拉和琼斯都是修女，她们整日忙于做礼拜或做祷告。从表面上看，或多或少，佩拉是自己决定当一名修女的，她从来没有为此感到后悔。她的一些圈子外的朋友有时赞扬她做出了自我牺牲，她的回答既快又坚定："不，这与自我牺牲无关。我做这一切并不是出于利他主义去为他人服务，这仅仅是因为为上帝做事能给我带来快乐。"

相反，琼斯之所以会成为一名修女，是因为她从小受到的道德教育要求她这么做。她和佩拉一样尽心尽职、乐善好施，但是，她却为此感到空虚和苦恼。她无法理解，为什么自己不能像佩拉那样虔诚、安心地投入到工作中去。

其实，理由很简单：对于佩拉来说，做一名修女是她内心的召唤；但是，对于琼斯则仅仅是一个职业而已。

使命与职业之间关键的区别不在于工作内在的性质，而在于人们从事这些工作的动机和兴趣。使命是你用来宣泄从内心深处涌出的激情所做的事，而职业只是为了获取外在的奖励（物质生活的拥有、经济上的保障、社会地位或者他人的尊敬）。而做的事

所以，一个人若是没有使命感，即便有一个长远目标，也不可能成为一个出色的人；一个雇员的个人使命若不能同企业使命相结合，同样不可能成为一个真正敬业负责的员工。

弗兰德还是一个少年时，他就要求自己有所作为。那时候，他把自己人生的目标不可思议地定在纽约大都会街区铁路公司总裁的位置上。

为了这个目标，他从 13 岁开始，就自谋生路，显然没有上过几天学，但是他依靠自己的努力，不断地利用闲暇时间学习，并想方设法向铁路行业靠拢。

后来，经人介绍，他进入了铁路业，在铁路公司的夜行货车上当了一名装卸工。尽管每天又苦又累，薪水又很低，但他都能保持一种快乐的学习心态，因为他觉得这是一次十分难得的机遇。他感觉到自己已经在向铁路公司总裁的职位迈进。由于他从事的是临时性工作，工作一结束，他立刻被解雇了。

于是，他找到了公司的一位主管，告诉他，自己希望能继续留在铁路公司做事，只要能留下，做什么样的工作都可以。对方被他的诚挚所感动，让他到另一个部门去做清洁工。很快，他通过自己的实干精神，成为邮政列车上的刹车手。无论做什么工作，他始终没有忘记自己的目标和使命，不断地补充自己的铁路知识。后来，弗兰德成为这家铁路公司的总裁之后，他依然废寝忘食地工作着。

我们常常听见别人说："过一天算一天吧，不至于丢掉饭碗就行了！"这种人实际上已经失去了强烈的工作使命感。

强烈的使命感能唤醒一个人的良知，也能激发一个人的潜能。

一个人如果具备了强烈的使命感，一定会目标明确、生气勃勃，面对任何艰难困苦的挑战绝不犹豫退缩。

1968年墨西哥奥运会比赛中，最后跑完马拉松赛跑的一位选手，是来自非洲坦桑尼亚的约翰·亚卡威。他是本次奥运会马拉松比赛最后一名抵达终点的选手。

当然，这场比赛早已结束了。优胜者早就领了奖杯，就连庆祝胜利的典礼也已经结束多时了。当约翰一个人孤零零地抵达体育场时，偌大的体育场几乎空无一人。尽管如此，约翰仍拖着疲惫的身体，努力地绕完体育场一圈，跑到了终点。没有鲜花，没有掌声，但到达终点的约翰仍然开心地笑了，并用握成拳的右手向空中用力地举了举。

在体育场的一个角落，格林斯潘，一个享誉国际的纪录片制作人，远远地看着这一切。在好奇心的驱使下，格林斯潘向正往体育馆出口方向走的约翰赶过去，问他为什么在受伤的情况下还要这么吃力地跑向终点？要知道比赛早已经结束了，没有谁会在意他是否跑到终点。

这位来自坦桑尼亚的年轻人的回答让格林斯潘的心情久久不能平静，他说："我的国家从两万里之外送我来到这里，不是叫我在这场比赛中起跑的，而是派我来完成这场比赛的。"

是的，他肩负着国家赋予的责任和使命来参加比赛，虽然没有拿到冠军，但心中强烈的责任心和使命感使他坚持跑到了终点。虽然没有鲜花和掌声，但是他用自己的行动证明了自己不辱使命。

从弗兰德和亚卡威的身上我们看到，以职业为使命是敬业的思想基础。有了这样的思想基础，才能够尽职尽责地做好本职工作。《福布斯》杂志的创始人福布斯曾经说过："做一个一流的卡车司机比做一个不入流的经理更为光荣，更有满足感。"没有不重要的工作，只有看不起工作的人。以职业为使命，就能够在平凡的岗位上干出一番事业来。

主动去做需要做的事

著名企业家奥·丹尼尔在他那篇著名的《员工的终极期望》中这样写道："亲爱的员工，我们之所以聘用你，是因为你能满足我们一些紧迫的需求。如果没有你也能顺利满足要求，我们就不必费这个劲了。但是，我们深信需要有一个拥有你那样的技能和经验的人，并且认为你正是帮助我们实现目标的最佳人选，于是，我们给了你这个职位，而你欣然接受了。谢谢！

在你任职期间，你会被要求做许多事情：一般性的职责、特别的任务、团队和个人项目。你会有很多机会超越他人，显示你的优秀，并向我们证明当初聘用你的决定是多么明智。

然而，有一项最重要的职责，或许你的上司永远都会对你秘而不宣，但你自己要始终牢牢地记在心里。那就是企业对你的终极期望——永远做非常需要做的事，而不是等待别人要求你去做。"

这个被奥·丹尼称为"终极期望"的理念蕴涵着这样一个重要的前提：企业中每个人都很重要。作为企业的一分子，你绝对不需要任何人的许可，就可以把工作做得漂亮出色。无论你在哪里工作，无论你的老板是谁，管理阶层都期望你始终运用个人的最佳判断力和努力，为了公司的成功而把需要做的事情做好。

一个具有敬业精神、能够主动去做公司需要做的事的员工，即使能力相对较弱，也能获得提拔，得到重用，实现自己的人生价值。下面这个故事就是最好的例证。

有一次，一家公司的业务部经理带领他的团队去参加一个产品展示会。

在开展之前有许多事情需要加班加点地做，诸如展位设计和布置、产品组装、资料整理和分装等。可业务部经理率领的团队中的大多数人却和往常在公司时一样，不肯多干一分钟，一到下班时间，就跑回宾馆去了，或者逛大街去了。经理要求他们干活，他们竟然说："又不给加班费，干什么活啊。"更有甚者还说："你也是打工仔，只不过职位比我们高一点而已，何必那么拼命呢？"

在开展的前一天晚上，公司老板亲自来到会场，检查会场的进展情况。

到达会场，已经是凌晨一点，让老板感动的是，业务部经理和一个安装工人正卧在地上，认真地擦着装修时粘在地板上的涂料，两个人都浑身是汗。而让老板惊讶的是，没有看见其他的人。见到老板，业务部经理站起来对老板说："我失职了，没有能够让所有的人都留下来工作。"老板拍拍他的肩膀，没有责备他，而是指着那个工人问："他是在你的要求下才留下来工作的吗？"

业务部经理简单地把情况介绍了一遍。这名叫张岳的工人是主动留下来工作的，在他留下来时，其他工人都嘲笑他是个傻瓜："你卖什么命啊，老板不在这里，你累死老板也不会看到啊！还不如回宾馆好好地睡上一觉！"

老板听完叙述，没有做出任何表示，只是招呼他的秘书和其他几名随行人员一同参加工作。

参展结束后，回到公司，老板就辞退了那天晚上没有参加劳动的所有工人和工作人员，同时，将与业务部经理一同工作的张岳提拔为安装分厂的厂长。

那些被开除的人都满腹牢骚地来找人事部经理理论："我们只不过多睡了几个小时的觉，凭什么就辞退我们呢？而他不过是多干了几个小时的活，凭什么当厂长？"他们说的"他"，就是那个被提拔的工人张岳。

人事部经理对他们说的是："用前途去换取几个小时的懒觉，这是你们自己的行为，没有人强迫你们那么做，怨不得谁。而且，我还可以根据这件事情推断，你们在日常的工作里也偷了很多懒，这是对公司极端的不负责任。张岳虽然只是多干了几个小时的活，但据我们调查，他一直都是一个一心为公司着想的人，在平日里默默地奉献了许多，比你们多干了许多活，他应该得到提拔。"

不管老板在不在，都能够主动去做公司发展需要做的事，才能够称得上是真正的负责与敬业。

如果公司的员工只做老板吩咐的事，老板没交代就被动敷衍、糊弄自己的工作，那么这样的公司是不可能长久的，这样的员工也不可能有大的发展。今天，对于许多领域的市场来说，激烈的竞争环境、越来越多的变数、紧张的商业节奏，都要求员工不能事事等待老板的吩咐。那些只依靠员工把老板交代的事做好的公司，就好像站在危险的流沙上，随时会被淘汰。

在众多的经营要素中，是什么决定了一家公司蒸蒸日上而另一家公司步履维艰呢？是人——在工作中有主见、勇于承担责任、表现出自动自发精神的人。

如今，上级和下属之间壁垒森严、泾渭分明的模式早已过时。今天的工作关系是一种伙伴关系，是置身其中的每一分子都积极参与的关系。在工作或者商业的本质内容发生迅速变化的今天，坐等老板指令的人将越来越力不从心。我们必须积极主动、自觉地去完成任务。

员工比任何人都清楚应该如何改进自己的工作，再也没有人比他们更了解自身工作中的问题，以及他们为之提供服务的顾客的需求。他们所拥有的第一手资料和切身体验是大多数高层管理人员欠缺的，后者离问题太远，只能从报告中推断出大致的情况。只有各个层级的员工保持热忱，随时思考自己如何把工作做得更好，公司才能对顾客的需求有更好、更及时的回应，才能在达到目标方面更具竞争力。

接受工作的全部，不只是它的益处和欢乐

既然已从事了一种职业，选择了一个岗位，就必须接受它的全部，就算是屈辱和责骂，那也是这项工作的一部分，而不是仅仅只享受工作给你带来的益处和快乐。

美国独立企业联盟主席杰克·法里斯曾对人讲起少年时的一段经历。

在杰克·法里斯 13 岁时，他开始在他父母的加油站工作。那个加油站里有 3 个加油泵、2 条修车地沟和 1 间打蜡房。法里斯想学修车，但他父亲让他在前台接待顾客。当有汽车开进来时，法里斯必须在车子停稳前就站到车门前，然后检查油量、蓄电池、传动带、胶皮管和水箱。法里斯注意到，如果他干得好的话，顾客大多还会再来。于是，法里斯总是多干一些，帮助顾客擦去车身、挡风玻璃和车灯上的污渍。有段时间，每周都有一位老太太开着她的车来清洗和打蜡，这个车的车内地板

凹陷极深，很难打扫。而且，与这位老太太极难打交道，每次当法里斯给她把车打扫好时，她都要再仔细检查一遍，让法里斯重新打扫，直到清除完每一缕棉绒和灰尘，她才满意。终于，有一次，法里斯实在忍受不了了，他不愿意再伺候她了。法里斯回忆道，他的父亲告诫他说："孩子，记住，这就是你的工作！不管顾客说什么或做什么，你都要做好你的工作，并以应有的礼貌去对待顾客。"父亲的话让法里斯深受震动，法里斯说道："正是在加油站的工作使我学习到了严格的职业道德和应该如何对待顾客，这些东西在我以后的职业生涯中起到了非常重要的作用。"

只想享受工作的益处和快乐的人，是一种不负责任的人。他们在喋喋不休的抱怨中、在不情愿的应付中完成工作，必然享受不到工作的快乐，更无法得到升职加薪的快乐。

安迪是一家汽车修理厂的修理工，从进厂的第一天起，他就开始发牢骚，"修理这活太脏了，瞧瞧我身上弄得"，"真累呀，我简直讨厌死这份工作了"……每天，安迪都在抱怨和不满的情绪中度过。他认为自己在受煎熬，像奴隶一样卖苦力。因此，安迪每时每刻都窥视着师傅的眼神与行动，一有机会，他便偷懒耍滑，应付手中的工作。

转眼几年过去了，当时与安迪一同进厂的三名员工，各自凭着自己精湛的技术，有的另谋高就，有的被公司送进大学进修，只有安迪，仍旧在抱怨声中做他的修理工作。

第四章
敬业，责任心的延伸

那些在求职时念念不忘高位、高薪，工作时却不能接受工作所带来的辛劳、枯燥的人；那些在工作中推三阻四，寻找借口为自己开脱的人；那些不能任劳任怨满足顾客要求，不想尽力超出客户期望提供服务的人；那些失去激情，任务完成得十分糟糕，总有一堆理由抛给上司的人；那些总是挑三拣四，对自己的工作环境、工作任务这不满意那不满意的人，都需要提高自己的责任心和敬业精神。

记住，这是你的工作！不要忘记工作赋予你的荣誉，不要忘记你的责任，更不要忘记你的使命。坦然地接受工作的一切，除了益处和快乐，还有艰辛和忍耐。

每一份工作带给我们的不仅有责任和义务，而且还有机会和成长。我们要提高自己，就不能好高骛远，应当静下心来，扎扎实实做好工作中的每一个环节，让自己不断"增值"。

一天晚上，一群游牧部落的牧民正准备安营扎寨。休息的时候，忽然被一束耀眼的光芒所笼罩，他们知道神就要出现了。因此，他们殷切地企盼、恭候着来自上苍的重要旨意。

神终于说话了："你们要多捡一些鹅卵石，把它们放在你们的马褡子里。明天晚上，你们会非常快乐，但也会非常懊悔。"说完，神就消失了。

牧民们感到非常失望，因为他们原本期望神能够给他们带来无尽的财富和健康长寿，但没想到神却吩咐他们去做这种毫无意义的事。但是不管怎样，那毕竟是神的旨意，他们虽然有些不满，但是他们仍旧各自捡了一些鹅卵石，放在他们的马褡子里。

就这样，他们又走了一天，当夜幕降临时，他们开始安营扎寨，忽然发现他们昨天放进马褡子里的每一颗鹅卵石竟然都变成了钻石。他们高兴极了，同时也懊悔极了，后悔没有捡更多的鹅卵石。

在工作中，有许多眼前看似鹅卵石一样的东西被我们毫不经意地丢弃了，然而忽然有一天，当我们急需它的时候，它就变成了钻石，而我们却不得不为以前丢弃它而懊悔不已。在我们的人生旅途中，尽量多收集些鹅卵石，那么，有朝一日你就会拥有一个钻石般的未来。

比别人多做一点点

在职场上，常常有这样的员工，他们认为只要把自己的本职工作干好就行了，对于老板安排的额外工作，不是抱怨，就是不主动去做。这样缺乏责任感和敬业精神的员工，自然不会获得升职加薪的机会。

当初柯金斯担任福特汽车公司总经理时，有一天晚上，公司里因有十分紧急的事，要发通告信给所有的营业处，所以，需要全体员工协助。不料，当柯金斯安排一个做书记员的下属去帮忙套信封时，那个年轻的职员傲慢地说："这不是我的工作，我不干！我到公司里来不是做套信封工作的。"

听了这话，柯金斯一下子就愤怒了，但他仍平静地说："既然这件事不是你分内的事，那就请你另谋高就吧！"

敬业，责任心的延伸

每一个员工要想纵横职场，取得成功，除了要尽心尽力做好本职工作以外，还要多做一些分外的工作，比别人多做一点点。这样，可以让你时刻保持斗志，在工作中不断地锻炼自己，充实自己。当然，分外的工作，也会让你拥有更多的表演舞台，让你把自己的才华适时地表现出来，引起别人的注意，得到老板的重视和认同。

当一般人放弃的时候，你要去找寻下一位顾客。

当顾客拒绝你的时候，你要继续追问："你到底要不要买？"

当顾客不买的时候，你仍然要坚持去调查了解："你为什么不买？"

比别人多做一点点，初衷可能并非为了获得回报，但你往往会因此而得到更多。

美国一位年轻的铁路邮递员，和其他邮递员一样，用陈旧的方法分发着信件。大部分的信件都是凭这些邮递员不太准确的记忆检选后发送的，因此，许多信件往往会因为记忆出现差错而无谓地耽误几天甚至几个星期。于是，这位年轻的邮递员开始寻找新的办法。他发明了一种把寄往某一地点的信件统一汇集起来的制度。就是这一件看起来很简单的工作，成了他一生中意义最为深远的事情。他的图表和计划吸引了上司们的广泛注意，很快，他获得了升迁的机会。5年以后，他成了铁路邮政总局的副局长，不久又被升为局长，从此踏上了美国电话电报公司总经理的路途。他的名字叫西奥多·韦尔。

做出一些人们意料之外的成绩来，尤其留神一些额外的责任，关注一些本职工作之外的事——这就是韦尔获得成功的原因。

当然，每天多做一点工作可能会占用你的时间，可是，你的做法会为你赢得良好的声誉，并让别人更多地需要你。

杰克刚开始在杜兰特手下工作时，职务低微，现在已被杜兰特先生当做左膀右臂，担任其下属一家公司的总经理。杰克之所以能升迁如此迅速，秘诀就是"每天多做一点"。

杰克自己这样介绍说："刚为杜兰特先生工作时，我就注意到，每天所有的人下班后，都回家了，杜兰特先生依旧会留在办公室里继续工作到很晚。为此，我决定下班后也留在公司里。是的，确实没有人要求我这样做，但我觉得自己应该留下来，在杜兰特先生需要时为他提供一些帮助。

"工作时杜兰特先生常会找文件、打印材料，以前这些事都是他自己亲自来做。很快，他就发现我时刻在等待他的吩咐，于是逐渐养成了召唤我的习惯。"

杜兰特先生为什么会养成召唤杰克的习惯呢？原因在于杰克主动留在公司里，使杜兰特先生随时能够看见他，并能随时随地为他服务。这样做能得到报酬吗？也许不能马上得到。但杰克获得了更多的展示机会，使自己得到老板的关注，最终获得了提升的机会。有几十种，可能还有更多的理由能够解释，你为什么必须要养成"每天多做一点"的好习惯，其中两个最主要原因是：

第一，在养成了"每天多做一点"的好习惯之后，与身边那些尚未养成此习惯的人相比，你已经占据了优势。这种习惯使你无论从事什么行业，都会有更多的人知道你并要求你提供服务。

第二，如果你想让自己的右臂变得更加强壮，只有一种办法就是利用它来做最艰苦的工作。反之，假如长时间不使用你的右臂，让它养尊处优，最后只能使它变得虚弱甚至萎缩。

社会在进步，公司在扩展，个人的职责范围也会跟着扩大。不要总拿"这不是我分内的工作"为由来推脱责任。当额外的工作分摊到你头上时，这也可能是一种机遇。

你每天早到几分钟，打扫打扫办公室，擦擦桌子；每天晚走几分钟，整理整理资料，收拾一下办公室；在业务上多帮助一下新手，这样你会获得新人的尊敬和爱戴；平时多帮老员工或老板干一点力所能及的事，这样你会得到他们的信任。

美国零售业大王杰西·彭尼说过，那些不会主动承担责任、不能够比别人做得更多的人就不具备在高层工作的能力。因此，要取得成功就得先学会付出，在公司里你永远没有分外的工作。其实那些所谓的分外工作都应是你的本职工作，很多时候，分外的工作对于员工来说是一种考验。能够把它做好，不仅是能力的体现，更加重你在老板心中的砝码。

EVERLASTING RESPONSIBILITY

第五章

把公司的事当成自己的事

责任常青

有两种人绝对不会成功：一种是除非别人要他做，否则绝不主动做事的人；第二种人则是即使别人要他做，也做不好事的人。那些勇于负责，不需要别人催促，就会主动地做事，而且不会半路逃脱的人必将成功。

——安德鲁·卡内基

Everlasting Responsibility

像老板一样思考

一个人拿着公司的薪水，就应当承担起自己的责任，把公司的事当成自己的事。应当学会像老板一样思考，像老板一样对待自己的工作。

像老板一样思考是对员工能力的一个较高层次的要求，它要求员工站在老板的立场和角度上思考、行动，把公司的问题当成自己的问题来思考。它不仅是员工个人能力提升的重要准则，而且也是提高企业工作绩效的关键。

在 IBM 公司，每一个员工都有一种意识——我就是公司的主人，并且对同事的工作和目标有所了解。员工主动接触高级管理人员，与上司保持有效沟通，对所从事的工作更是积极主动，并能保持高度的工作热情。

"像老板一样思考"这种工作态度，源于老托马斯·沃森的一次销售会议。那是一个寒风凛冽、阴雨连绵的下午，老沃森在会上首先介绍了当前的销售情况，分析了市场面临的种种困难。会议一直持续到黄昏，气氛很沉闷，一直都是托马斯·沃森自己在说，其他人则显得烦躁不安。

面对这种情况，老沃森缄默了 10 秒，待大家突然发现这个十分安静的情形有点不对劲的时候，他在黑板上写了一个很大的"THINK（思考）"，然后对大家说："我们共同缺少的是——思考，对每一个问题的思考，别忘了，我们都是靠工作赚得薪水的，我们必须把公司的问题当成自己的问题来思考。"之后，他要求在场的人开动脑筋，每人提出一个建议。实在没有什么建议的，可以对别人提出的问题加以归纳总结，阐述自己的看法与观点，否则不得离开会场。

结果，这次会议取得了很大的成功，许多问题被提了出来，并找到了相应的解决办法。从此，"思考"便成了IBM公司员工的座右铭。

每一位老板都像老沃森那样，希望自己的员工可以像自己一样，随时随地都站在公司发展的角度来考虑问题。然而由于角色、地位和对公司所有权的不同，员工的心态很难与管理者完全一致，在许多员工的思想中，"公司的发展是由员工决定的"之类的话只不过是一句空话，这是他们拒绝从老板的角度思考问题的主要理由。

当然，企业的管理者们希望员工"像老板一样思考"，树立一种主人翁意识时，并不是发出了所有人都可以成为老板的信号，而是向员工提出了更高的要求。要知道，我们的工作并不是单纯地为了成为老板或是拥有自己的公司，我们既是在为自己的历史工作，也是在为自己的未来工作。

以更高的标准来要求自己，无疑可以取得更大的进步，这其中包括：具有更强的责任心；努力争取更上一层楼；更加重视对顾客的服务；心智得到更大的提高；赢得更加广泛的尊重；取得更多的合作机会等。

美国卡内基钢铁公司的董事长齐瓦勃，就是一个时刻要求自己像老板一样思考的员工。

第五章
把公司的事当成自己的事

齐勃瓦出生在美国一个偏僻的乡村，由于家境贫寒，15岁那年他就开始独自踏入社会谋生。

一个偶然的机遇，他到了一个属于钢铁大王卡内基的建筑工地打工。齐勃瓦抱定决心，一定要做一名最出色的员工。

他一面积极工作，一面学习各种技术知识和管理知识。结果他从一个普通的建筑工人一步一步做起，相继升任为技工、技师、部门主管、建筑公司总经理、布拉得钢铁厂厂长、钢铁公司董事长。

在齐勃瓦任卡内基钢铁公司董事长的第7年，当时控制着美国铁路命脉的摩根提出了与卡内基联合经营钢铁的要求。

一开始卡内基没有理会，于是摩根就放出风声说，如果卡内基拒绝，他就找贝斯列赫姆联合。贝斯列赫姆钢铁公司是当时美国第二大钢铁公司，如果与摩根财团联合起来，卡内基公司肯定会处于竞争的劣势地位，这下卡内基真的有些慌了。

他急忙找来齐勃瓦，递给他一份文件，说："按这上面的条件，你尽快去跟摩根谈联合的事宜。"

齐勃瓦接过文件看了看，微微一笑。他对卡内基说："根据我所掌握的情况，摩根没有你想象得那么厉害，贝斯列赫姆与摩根的联合也不会一蹴而就。如果按这些条件去谈，摩根肯定乐于接受，不过你将损失一大笔利益。"

当齐勃瓦将自己掌握的情况向卡内基汇报以后，经过认真分析，卡内基也承认自己高估了对手。卡内基全权委托齐勃瓦同摩根谈判，最后取得了使卡内基有绝对优势的联合条件。

摩根感到自己吃了亏，就对齐勃瓦说："既然这样，那就请卡内基明天到我的办公室来签字吧。"

第二天一早，齐勃瓦来到了摩根的办公室，向他转达了卡内基的话："从第51号街到华尔街的距离，与从华尔街到第51号街的距离是一样的。"

摩根沉吟了半晌后说："那我过去好了！"老摩根从未屈尊到过别人的办公室，这次他遇到了全身心维护公司利益的齐勃瓦，所以只好俯首屈就了。

齐瓦勃能做到的，我们每个人也可以做到。你可能没有齐瓦勃的职位，但是如果你能像他那样时刻把公司利益放在心中，站在老板的角度上来思考公司的发展问题，那么，早晚你也将会像齐瓦勃那样取得事业上的成功。

那么在工作中，如何"像老板一样思考"呢？这需要我们对自己的行为准则有更为深刻的认识。请思考如下问题：

如果我是老板，会怎样对待态度恶劣、无理取闹的客户？

如果我是老板，目前这个项目是不是需要先优化一下，再做是否投资的决定？

如果我是老板，面对公司中无谓的浪费，是不是应该立即采取必要的措施加以制止？

如果我是老板，是不是应当保证自己的言行举止符合公司要求，代表公司的利益，以免对公司产生不良的影响？

……

我们无法在此一一列举出老板应该思考的所有问题，但是毫无疑问的是，当你以老板的角度思考问题时，应该对你的工作态度、工作方式以及工作成果，提出更高的要求，只要你深入思考，积极行动，那么，你所获得的评价一定也会提高，你很快就会脱颖而出。

以企业利益为重

作为公司的员工，维护公司利益是一个员工必须恪守的基本职业道德。毫无疑问，一个企业更倾向于选择一名能够时刻以企业利益为重的员工，哪怕其能力在某些方面稍微欠缺一些。一名员工固然需要精明能干，但再有能力的员工，不以公司利益为重仍然不能算一名负责的员工。

在正常情况下，大多数员工都能够做到以公司的利益为先，但是当公司的利益和个人的利益冲突时，当坚持公司的利益可能给个人带来潜在的损失时，你是否还能够坚持以公司利益为先呢？

对于一名把公司的事当成自己的事的员工来说，时刻以公司利益为先已成为他们的一种高度的自觉，企业利益与他们的责任心已经紧密地联系在了一起。

在公司中我们经常会遇到这样的情况，你本应当站在公司的立场上说出自己的想法和见解，或是你本应该从公司的利益出发来实施某些措施，然而因为你的立场和措施可能会改变公司长期存在的一些习惯，甚至会触犯他人的既得利益，所以你不得不放弃自己的立场，取消措施的实施。甚至可能你就是那个因为不愿意改变现状或不愿意失去现有利益而反对某些好措施得以实施的人。

无论是被动的妥协还是主动的干涉，都不是一个负责任的员工的所为。

一次，某著名广告公司和市场销售总监王杰召开了一次经理级的业务会议。会上，他就最近听说的部分职员谎称完成客户拜访计划的现象询问众人："我听说最近有些销售员声称完成了客户拜访计划，事实上却没有，这是不是真的？"

大家都怕得罪同事，影响到今后的关系和利益，虽然知道确实有人这样做，但是没人敢说。有的说没有，有的说这是谣传，有的则低头不说话。

事实上，王杰根本没有期望会有人真正面对面指出这样的问题。没料到，小孙站出来说："的确是有销售员谎称完成了客户拜访计划，并在销售客户拜访表上弄虚作假。销售一部的赵为上次声称拜访过的顾客我也拜访过，对方表示近期并没有本公司的销售人员拜访过他。"

大家听后都为小孙捏了把汗。赵为是销售一部王经理一手提拔的，而王经理怕赵为的失职对自己不利，马上辩解道："我了解赵为的为人，我想此事只不过是工作记录的失误而已。"

小孙还想说些什么，但是王杰把话题引开了，谈起别的事来。其实，王杰早已了解了事实，只是不愿把事情弄得复杂，才不再追问下去。但小孙的诚实和以公司利益为先的精神却记在了王杰的脑子里。不久，公司业务发展急需管理人才，王杰便提拔了他。

以公司利益为重，就要求我们时刻要把公司的利益和发展放在心上，把维护公司的利益当成自己行动的准则。

在松下公司还是无名小厂的时候，松下幸之助本人不得不亲自带着产品四处奔波推销。每次松下幸之助总要费尽唇舌，跟对方讨价还价，直到对方让步为止。

有一次，买主对松下幸之助的还价劲头钦佩不已，就向他讨教原因。松下幸之助微微一笑，扶了扶自己那副旧式黑框大眼镜，平静地说："每次当我要脱口说'我就便宜卖给你'时，脑际就会突然闪现一幅工厂的景象。那是什么景象呢？那是正值盛夏、酷热蒸人的工厂犹如炽火烤着铁板，整座工厂宛如炙热的地狱一般令人汗如雨下，工厂中辛勤挥汗的从业人员的脸部表情。"就是这么一幅场景，时刻激励着松下幸之助不能懈怠，必须兢兢业业地工作。到了1960年时，松下公司已是日本乃至全球著名的大企业了，松下幸之助仍然保持着时刻关心企业安危的意识。

松下幸之助说过，50多年来，他每天都是在连续的不安中度过的，虽然时时都处在不安与动摇中，但他却能抑制那不安与动摇的一面，克服它们，完成今天的工作，产生明天的新希望，从此找到生活的意义。松下幸之助内心的不安折射出他对企业兴衰的责任感，正是这种责任感造就了松下公司的辉煌。

以企业利益为重，把公司的事当成自己的事，不仅有益于企业的发展，对于个人来讲，也是很有好处的。

每一名员工都应该明白，自己的工资收益完全来自公司的效益，因此，公司的利益就是自己利益的来源。"大河有水小河满，大河无水小河干"，说的就是这个道理。因此，替老板想着公司的利益，实际上就是替公司想着自己的利益。

事实证明，时刻以公司利益为先的员工往往是发展最快的员工。下面是一家公司员工使命宣言中有关公司利益为先的内容摘录：

我承诺，即使公司利益与个人利益相冲突，我仍然站在公司的立场，以公司利益为先。

如果发现公司存在问题或某项措施的实施有欠妥当，我能够及时将问题向有关部门反映，而不是首先顾及这样做是否会触犯他人利益。

如果公司中其他员工的言行客观上触犯了我的利益，只要他的出发点是以公司利益为先，我将表示理解，并诚恳地采纳相应的建议和措施。

我愿意积极推动各种有利于公司发展的变革，无论这些变革是否与我个人利益相冲突。我相信首要的问题是公司应该向什么方向发展，其次才是在这种变革中，我能获得什么样的机会。

把公司当成自己的产业

英特尔总裁安迪·格鲁夫应邀对加州大学的伯克利分校毕业生发表演讲的时候，曾提出这样一个建议：

"不管你在哪里工作，都别把自己当成员工，应该把公司看做自己开的一样。你的事业生涯除了你自己之外，全天下没有人可以掌控，这是你自己的事业。"

把公司当成自己的产业可以激发一个人的责任心和主人翁意识，使他全身心地融入公司，处处为公司着想。把公司当做自己的产业，能够让你拥有更大的发挥空间，使你在掌握实践机会的同时，能够对成果负起责任。

李航高中毕业后随哥哥到南方打工。

李航和哥哥在码头的一个仓库给人家缝补篷布。李航很能干，做的活儿也精细，当他看到丢弃的线头碎布也会随手拾起来，留做备用，好像这家公司是他自己开的一样。

一天夜里，暴风雨骤起，李航从床上爬起来，拿起手电筒就冲到大雨中。哥哥劝不住他，骂他是个傻蛋。

在露天仓库里，李航查看了一个又一个货堆，加固被掀起的篷布。这时候老板正好开车过来，只见李航已经成了一个水人儿。

当老板看到货物完好无损时，当场表示给李航加薪。李航说："不用了，我只是看看我缝补的篷布结不结实，再说，我就住在仓库旁，顺便看看货物只不过是举手之劳。"

老板见他如此诚实，如此有责任心，就让他到自己的另一个公司当经理。

公司刚开张，需要招聘几个文化程度高的大学毕业生当业务员。李航的哥哥跑来说："给我弄个好差使干干。"李航深知哥哥的个性，就说："你不行。"哥哥说："看大门也不行吗？"李航说："不行，因为你不会把活儿当成自己家的事干。"哥哥说："你真傻，这又不是你自己的公司！"临走时，哥哥说李航没良心，不料李航却说："只有把公司当成是自己开的公司，才能把事情干好，才算有良心。"

几年后，李航成了一家公司的总裁，他哥哥却还在码头上替人缝补篷布。

公司不是老板一个人的，而是大家共同的事业。一名责任心强的员工要有一种把自己当做公司主人的心态，而不是把自己当成老板的仆人。当你具备做主人的心态时，你就会把公司的事当成自己的事。

李平是一家大型滑雪娱乐公司的普通修理工。这家滑雪娱乐公司是全国首家引进人工造雪机在坡地上造雪的大型公司。

一天深夜，李平按例出去巡视，突然看见有一台造雪机喷出的不是雪而是水。凭着工作经验，李平知道这种现象是由于造雪机的水量控制开关和水泵水压开关不协调而导致的。他急忙跑到水泵坑边，用手电筒一照，发现坑里的水已经快漫到了动力电源的开关口，若不赶快采取措施，将会发生动力电缆短路的问题。这种情况一旦发生，将会给公司带来严重损失，甚至可能伤及许多人的性命。一想到这，李平不顾个人安危，毅然跳入水泵坑中，控制住了水泵阀门，防止了水的漫延。随后他又绞尽脑汁，把坑里的水排尽，重新启动造雪机开始造雪。当同事们闻讯赶过来帮忙时，李平已经把问题处理妥当。但由于长时间在冷水中工作，他已经冻得走不动路了。闻讯赶来的老总派人连夜把李平送入医院，才使他转危为安。

公司的事是每个人的事，一名责任心强的员工应当把自己当成公司的主人，时刻心系公司，把公司的事当成自己的事。

把公司的荣誉放在心头

荣誉是企业的生命线。一名负责任的员工应当视公司的荣誉为自己的荣誉，时刻把公司的荣誉放在自己的心头，让维护公司荣誉成为自己的一种自觉行为。

一天下午，在日本东京奥达克百货公司的电器部，售货员彬彬有礼地接待了一位女顾客，并按她的要求挑选了一台尚未启封的"索尼"牌唱机。

顾客走后，售货员在清理货物的时候发现，刚才错将一个空芯唱机样品卖给了那位女顾客，于是赶紧向公司汇报。警卫四处寻找那位女顾客，但她早已不见踪影。经理接到报告后觉得此事非同小可，关系到顾客利益和公司信誉的大问题，于是他马上召集有关人员研究寻找的办法。当时他们只知道那位女顾客是一位美国记者,叫基泰丝,还有她留下的一张"美国快递公司"的名片。据此仅有的线索,奥达克百货公司公关部连夜开始了一连串近乎于大海捞针的寻找。

先是打电话,向东京各大旅馆查询,毫无结果。后来,又向美国打紧急长途,向纽约的"美国快递公司"总部查询。美国方面也展开了紧急调查。凌晨时分,奥达克百货公司才接到美国方面的电话,在得知基泰丝父母在美国家里的电话号码后,他们马上将国际长途打到基泰丝的父母家。老人以为女儿出了什么大事,刚开始很紧张,听完日方善意的"调查"后,很感动,愉快地将女儿在东京的住址和电话号码告诉了他们。几个人整整忙了一夜,总共打了35个紧急电话。

为了表示歉意,奥达克百货公司一大早便给还未起床的基泰丝打了一个电话致歉。几十分钟后,奥达克百货公司的副经理和提着新唱机皮箱的公关人员赶到了基泰丝的住处。

两人进了客厅,见到基泰丝后连连深深鞠躬致歉。他们除了送来一台新的合格的"索尼"唱机外,又加送著名唱片一张、蛋糕一盒和毛巾一条。接着副经理打开记事簿,宣读了他们从发现问题到找到电话号码,并及时纠正这一失误的全过程记录。

基泰丝深受感动,她坦率地告诉他们,买这台唱机,是准备作为见面礼物送给住在东京的外婆。回到住处后,她发现唱机没有装机芯,根本不能使用,于是火冒三丈,觉得自己上当受骗了。她立即写了一篇题为《笑脸背后的真面目》的批评稿,准备第二天一早就到奥达克百货公司兴师问罪。没想到,奥达克百货公司及时纠正失误如同救火,为了一台唱机,花费了这么多的精力。奥达克百货公司的做法，使基泰丝深为敬佩，她当面撕掉了批评稿。待他们走后，她马上重写了一篇题为《35次紧急电话》的特写稿。

《35次紧急电话》稿件见报后，反响强烈，奥达克百货公司因为忠诚为顾客负责而声名鹊起，门庭若市。后来，这个故事被美国公共关系协会推荐为世界性公共关系的典型案例。

从表面上看，东京奥达克百货公司的那位经理似乎在小题大做，一部小小的随身听却耗费如此庞大的人力物力。可是从长远看，那位经理极力维护的是企业的良好信誉，是他的职业道德挽救了一场公司在美国消费者当中的信誉危机。用他的话说："为了维护企业的信誉，不管耗费多大都是值得的。"正是这种重视企业信誉，对客户负责的精神为公司日后开拓美国市场打下了坚实的基础。

阿基勃特是美国标准石油公司的一名普通职员，但他无论在什么场合中签名，都不忘附加上公司的一句宣传语"每桶4美元的标准石油"。时间长了，同事朋友们干脆给他取了个"每桶4美元"的外号，他的真名反而没人再叫了。

后来，公司董事长洛克菲勒听说竟然有员工如此重视维护公司的荣誉，于是便叫来阿基勃特，问他："别人用'每桶4美元'的外号叫你，你为什么不生气呢？"阿基勃特答道："'每桶4美元'不正是我们公司的宣传语吗？别人叫我一次，就是替公司免费做了一次宣传，我为什么要生气呢？"

洛克菲勒感叹道："时时处处都把公司的荣誉放在心头，不忘为公司做宣传，我们需要的正是这样的职员。"

5年后，洛克菲勒卸下董事长一职，阿基勃特成为标准石油公司的下一任董事长，他得到升迁的重要原因就是之前坚持不懈地为公司做宣传。

阿基勃特说："我成功，就是因为我关注了别人忽视的小事情。"企业荣誉无小事，一个负责任的员工应当像阿基勃特那样时刻将公司的荣誉放在心头，像维护自己的荣誉那样去维护公司的荣誉。

帮助老板"开源节流"

很多员工认为，为企业创造利润是老板应该做的，而没有意识到这也是自己分内的职责。市场经济条件下，"利润至上"是企业的原始推动力，是企业存在、发展乃至服务社会的根本。所以，老板们都希望员工头脑中有一个简单却至关重要的概念，那就是每一个公司的成员都有责任尽力帮助公司赚钱，为公司创造更多的利润。

那么，我们要怎样做才能为公司创造更多的利润呢？这就需要我们在工作中做到开源节流。在经济学上，有一个千古不变的致富秘诀，那就是"开源节流"。所谓的"开源节流"是指在稳定经营的基础上增加收入，节省开支，这恰恰是老板梦寐以求的。为老板节约成本，就是为老板创造利润，你有了这个概念自然会博得老板的欢心。同时你还要不断地提高自己的业务素质，提升自己的工作业绩，为公司创造更多的利润。

要做到"开源节流"，首先我们要在脑海中树立节约的意识。你不要以为一滴水、一度电不算什么，任何东西都是积少成多的，长期积累下来的成果是惊人的。从小事做起，我们就会发现积"小"成"大"的意义。有一个粮食仓库的看管员，在粮食进库的时候，把粘在麻袋上的粮食和落在仓库门口的些许粮食都收集起来。日复一日，年复一年，十几年过去了，那位员工收集的粮食已经多达 5 吨。虽然在有些人眼里 5 吨粮食根本不算什么，但是正是这 5 吨粮食代表着他的成本观念。

再举一个"节约一度电"的例子来说明成本观念的作用：节约一度电对个人而言，十分容易做到，如少开几个小时灯、少看一会儿电视、多用用节能灯即可。据有关环保专家算过一笔账，每节约一度电就相当于节省 0.4 千克的标准煤和 4 升水，同时减少了 0.272 千克粉尘、0.997 千克二氧化碳和 0.03 千克二氧化硫的排放。

可见，节约一度电不仅节能还环保。上海市规定，当气温达到或超过 35 摄氏度时，关闭所有景观灯。有关部门估算，由此节约的电力就可满足 3 万多户家庭的夏季用电。你想想，如果中国人能够人人节约一度电，13 亿多度电会带来多少光明？你可以看到在公司里节约水电，虽然是举手之劳，也会为老板节约很多的成本，老板心里自然是无比的高兴。

经济全球化使企业之间的竞争越来越激烈，面临的形势也越来越严峻。为此，除了提高产品的市场竞争力之外，有效地降低运营成本已经成为多数企业竞相追逐的目标。道理很简单，在利润空间日趋减小的情况下，谁的成本低，谁就可以获得生存和发展。

　　另外一个迫使企业寻求低成本的原因是能源与原材料成本的提高。尤其在中国，这个问题已经成为制约企业发展甚至影响国家经济前景的"瓶颈"。因此，作为公司的一员，树立成本意识，养成节约习惯是一名员工应尽的职责。

　　除了要养成节俭的习惯外，一位负责的员工还应当努力提升自己的工作价值，为企业创造更多的利润。在微软公司流传着这样一个故事：

　　一位跳槽到微软的推销员认为自己非常优秀。有一个月，他拜访了10个客户，成交了5个，在任何的业务单位，拜访10位客户成交5个已经算是高效率了。于是这个业务员找到比尔·盖茨说："老板，我拜访10个客户成交了5个，你是不是应该给我一辆车或是发一点奖金？"

　　比尔·盖茨看了他一眼，耸了耸肩膀说："10个客户成交了5个，另外5个被竞争对手给抢跑了。你居然还敢跟我来要奖金！"于是这个人立即找到那5位客户，说服他们不要买竞争对手的产品，也成为了微软的客户。

　　10位客户都被自己拿下，于是业务员又去找比尔·盖茨："报告老板，10个客户成交10个，完美无缺的演出。"比尔·盖茨还是不满意："你这个家伙，又在浪费时间，你告诉我成交的客户对微软公司的业绩已经没有任何的意义。我问你，第11个客户在哪里？"

　　业务员一听傻眼了，在其他公司他都是顶尖的，可到微软公司，竟然被臭骂两次。下一个月他更加努力，一共拜访了11

位客户，又全都成交了。于是他又找到比尔·盖茨说："老板，你看，我拜访了 11 个成交了 11 个，成功率 100％。"

比尔·盖茨说："你已经被开除了，因为其他业务员都拜访并且成交了 12 个以上，你是公司的最后一名。"

一名不能为公司创造更大利润的员工不可能是一个负责的员工。当你有了替公司赚钱的责任感，自然会付诸行动。如果你十分明确自己对公司盈亏有义不容辞的责任，就会很自然地留意到身边的各种机会，而且只要积极行动就会有收获。

如果你想在竞争激烈的职场中有所发展，成为老板器重的人就必须牢记为公司赚取利润才是最重要的。无论是开展工作也好，服务于老板也好，必须把努力的目标放在如何帮助公司赚到钱和节省钱上面，仅仅做一个听话的职员，在老板心中的印象并不是最佳。

忠诚于自己的工作

忠诚是最大的责任，一个人只有忠诚于自己的工作，才能够去除工作中的私心，把公司的事当成自己的事。相反，一个对公司缺乏忠诚的员工，执行任务时，一遇到困难就撂挑子，即使迫于上司检查的压力，也会推诿、拖延，并处心积虑地寻找借口；更有甚者，面对巨大利益的诱惑，他会置公司的利益和职业道德于不顾，出卖公司的机密；当公司经营一时陷入困境，或者是个人过度膨胀的私欲没有得到满足时，跳槽就不足为怪了。像这样缺乏责任感和忠诚度的员工是没有哪个老板愿意聘用的。

李克是一家大公司的技术部经理，在专业领域颇有建树，而且做事果断，有魄力，老板很器重他。一天，有一位相识的港商请他到酒吧喝酒。几杯酒下肚，港商一本正经地对他说："老弟，我想请你帮个忙。"

"帮什么忙？"李克觉得有点奇怪。

港商说："最近我准备同你们公司洽谈一个合作项目。如果你能把相关的技术资料提供给我一份，将会使我在谈判中占据主动地位。"

"什么？你让我做泄露公司机密的事？"李克皱起了眉头。

港商压低声音说："你帮我忙，我是不会亏待你的。如果成功了，我给你 10 万元的报酬。这事只有天知、地知、你知、我知，对你没一点影响。"说着，港商把 10 万元的支票塞到李克手里。

李克心动了，把支票收了起来。第二天，他给港商提供了一份公司高度机密的技术资料。

在谈判中，李克的公司一直处于被动地位，结果整个项目谈成后少挣了好几百万元。事后，公司查明了真相，毫不犹豫地将李克辞退了，并将那 10 万元追回，以补偿公司的损失。

像李克这样见到金钱就忘掉了自己的责任的员工还有很多。李克的事例揭示了这样一个道理：忠诚是责任心的保障。一个人若是失掉了忠诚，一切责任都无从谈起。只有那些把忠诚视为最大责任的人，才能抵御住形形色色的诱惑，才会时刻想到公司的利益而不遗余力地执行任务，才会在公司遭遇困境的时候选择留下来，帮公司渡过难关。

玛丽长得并不好看，学历也不太高，她在一家房地产公司做电脑打字员。她的打字室与老板的办公室之间只隔着一块大玻璃，老板的举止她只要愿意就可以看得清清楚楚。但她很少向那边多看一眼，她每天都有打不完的材料，她知道工作认真刻苦是她唯一可以和别人一争长短的资本。她处处为公司打算，打印纸都不舍得浪费一张，如果不是紧要的文件，她会把一张打印纸两面用。

一年后，公司资金运作困难，员工工资开始告急，员工纷纷跳槽，最后总经理办公室工作人员就剩下她一个了。人少了，玛丽的工作量也陡然增加，除了打字还要接听电话，为老板整理文件。有一天她走进老板的办公室，直截了当地问老板："您认为您的公司已经垮了吗？"老板很惊讶，说："没有！""既然没有，您就不应该这样消沉。现在的情况确实不好，可很多公司都面临着同样的问题，并非只有我们一家。虽然您的2000万美元砸在了那个工程上，成了一笔死钱，可公司没有全死呀！我们不是还有一个公寓项目吗？只要好好做，这个项目就可以成为公司重整旗鼓的开始。"说完她拿出了那个项目的策划文案。

很快，玛丽被派去负责那个项目。3个月后，那片位置不算好的公寓全部先期售出，玛丽为公司拿到了5000万美元的支票，公司终于有了起色。

责任常青

以后的几年内，玛丽作为公司的副总经理，帮着老板做了好几个大项目，并成功地帮助公司改制，老板当上了董事长，她也成了新公司第一任总经理。

在庆功酒会上，老板请玛丽为在场的数百名员工讲几句话。玛丽说："一要用心，二要没私心。"

确实，很多人一边在为公司工作，一边在打着个人的小算盘，这怎么能让公司盈利呢？世界上有些道理本是相通的，比如，夫妻双方应该彼此忠诚，公司和员工也应该彼此忠诚，只有这样，家庭才能和睦，公司才能发达。我们在任何时候都不能失去忠诚，因为它是我们的做人之本。忠诚会为一个人赢得朋友甚至敌人的尊敬，因为忠诚是人性的亮点。

著名管理大师艾柯卡，受命于福特汽车公司面临重重危机之时，他大刀阔斧地进行改革，使福特汽车公司走出危机。但是，福特汽车公司董事长小福特却对艾柯卡进行排挤，这使艾柯卡处于一种两难境地。但是，艾柯卡却说："只要我在这里一天，我就有义务忠诚于我的企业，我就应该为我的企业尽心竭力地工作。"尽管后来艾柯卡离开了福特汽车公司，但他仍对自己为福特公司所做的一切感到欣慰。

"无论我为哪一家公司服务，忠诚都是我的一大准则。我有义务忠诚于我的企业和员工，任何时候都是如此。"艾柯卡说。正因为如此，艾柯卡不仅以他的管理能力征服了其他人，也以自己的人格魅力征服了别人。

无论一个人在组织中是以什么样的身份出现，对组织的忠诚都应该是一样的。我们强调个人对组织忠诚的意义，是因为无论是组织还是个人，忠诚都会使其得到收益。

忠诚之所以为广大的企业家所看重，主要是因为忠诚是一个企业实现常青发展的重要保障。员工的责任心差、对公司的忠诚度低，是公司面临生存危机的一个最主要的原因。相反，如果每一位员工都能忠诚于自己的公司，为公司担当责任，把公司的事当成自己的事，那么这家公司就一定能发展壮大起来。因为这样的公司汇聚了人心，而人心是公司最强大的生命力。

与公司共命运

如果把公司比作是一艘航行于惊涛骇浪中的船，那么，老板就是船长，员工则是水手，一旦上了这艘船，员工的命运和老板的命运就拴在一起了。老板和员工有着共同的前进方向，有着共同的目的地，船的命运就是所有人的命运！

《这是你的船》一书的作者迈克尔·阿伯拉肖夫原本是美国导弹驱逐舰本福尔德号的舰长。1997年6月，当迈克尔·阿伯拉肖夫接管本福尔德号的时候，船上的水兵士气消沉，很多人都讨厌待在这艘船上，甚至想赶紧退役。但是，两年之后，这种情况彻底发生了改变。全体官兵上下一心，整个团队士气高昂，本福尔德号变成了美国海军的一艘王牌驱逐舰。

迈克尔·阿伯拉肖夫用什么魔法使得本福尔德号发生了这

样翻天覆地的变化呢？概括起来就是一句话："这是你的船！"

迈克尔·阿伯拉肖夫对士兵说："这是你的船，所以你要对它负责，你要让它变成最好的，你要与这艘船共命运，你要与这艘船上的官兵共命运。所有属于你的事，你都要自己来决定，你必须对自己的行为负责。"

从那以后，"这是你的船"就成了本福尔德号的口号。所有的水兵都觉得管理好本福尔德号就是自己的职责所在。

同样，作为公司的一员，不管你是司机、推销员、会计，还是库管员；也不管你是技术开发人员，还是部门经理，哪怕你仅仅是一名清洁工，只要你在公司这艘船上，你就必须和公司共命运。

只要你是公司的员工，你就是公司这艘船的主人。公司的事就是你的事。你必须以主人的心态来管理照料这艘船，而不是以一种乘客的心态而背离自己的责任。

迈克是纽约一家广告公司的职员，他的老板琼斯是世界著名的广告策划人，迈克从自己的老板身上学到了很多管理和经营方面的知识。

迈克刚进入公司时，公司运转正常，迈克的工作也开展得很顺利。这时，公司承担了一个大项目的策划——在城市的各条街道做广告。全体员工对此惊喜万分，全身心地投入到工作中去。全市的每个街道都要做10多个广告，全市至少也有几千个广告，这给公司带来的经济利益和社会效应是十分可观的。

老板琼斯在发工资那天召集全体员工开会："公司承担的这

个项目很大，光准备工作就耗资几百万元，公司资金暂时紧张。所以，该月工资就放到下月一起发放，请你们谅解一下公司。工资早晚都是你们的，只要我们把项目搞好，大家一起来共享利润。"所有的员工都对老板的话表示赞同。迈克这时产生了这样的想法：公司现在正是资金大流动的时候，我们所有的员工应该集资投入到大项目中去。

可是，半年以后风云突变。经过员工们辛苦奔波，全套审批手续批下来的时候，公司却因资金缺乏，完全陷入停滞状态。别说给员工发工资，就连日常的费用也只有向银行伸出求援之手。公司前景暗淡，欠款数目巨大，银行也不给予他们答复。

然而，就在这个困难时期，迈克说出了心里的想法：全体员工集资。琼斯笑笑，无奈地拍拍他的肩膀："能集多少钱？公司又不是几十万就能脱离困境，集资几十万只是杯水车薪，连一个缺口都堵不住。"

当琼斯召集全体员工陈述公司的现状时，一下子人心涣散，人员所剩无几。没有拿到工资的员工将琼斯的办公室围得水泄不通，见琼斯实在无钱支付工资，他们各取所需，将公司的东西分得一无所有。迈克的想法却和这些人不一样，他产生了一种莫名的感觉：沙漠里的人也能生存。不到一个星期，公司只剩下屈指可数的几个人时，有人来高薪聘请他，但他只说："公司前景好的时候，给了我许多，现在公司有困难，我得和公司共渡难关，我不会做无道德之事。只要琼斯总裁没有宣布公司倒闭，总裁留在这里，我始终不会离开公司，哪怕只剩下我一个人。"

事情总在人的意料中，不久公司只剩下他一个人陪琼斯了，琼斯歉疚地问他为什么要留下来，迈克微笑着说了一句话："既然上了船，船遇到惊涛骇浪，就应该同舟共济。"

街道广告属于城市规划的重点项目，他们停顿下来以后，在政府的催促下，公司将这来之不易的项目转移到另一家大公司。但是在签订合同的时候，琼斯提出了一个对方必须答应的条件：迈克必须在你的公司里出任项目开发部经理。琼斯握着迈克的手向那家公司总裁推荐："这是一个难得的人才，只要他上了你的船，就一定会和你风雨同舟。"一个公司需要许多精英人才，但更需要与公司共命运的人才。

加盟新公司后，迈克出任了项目开发部经理。原公司拖欠的工资，新公司补发给了他。新公司的总裁握着他的手微笑着说："这个世界，能与公司共命运的人才非常难得。或许以后我的公司也会遇到种种困难，我希望有人能与我同舟共济。"

迈克在后来的几十年时间里一直没有离开过这个公司，在他的努力下，公司得到了更为快速的发展，如今他已经成为了这家公司的副总裁。

在这里，最值得一提的，不是迈克卓越的能力，而是他自始至终都与公司同舟共济的责任感。

与公司共命运是优秀员工的职责，如果我们在生病或烦恼时，公司没有抛弃我们，那么当公司遭遇困境和危机时，我们就不能扔下公司自奔前程。公司在发展的过程中，使我们每个人都得到了实现成长的机会，因此我们有义务在公司遇到危难时伸出援手，更何况帮助公司就是帮助自己，公司发展了，我们自然会得到发展。当公司面临种种艰难的考验时，身为其中的一员，我们也都在接受各种不同的考验。如果我们能够经受住最艰难的考验，能够在危急时刻与公司并肩奋斗，那么我们才能与公司携手共进，才能成为在公司中成长最快的员工，无论是在思想素质上，还是在业务能力上，我们都能尽快获得成长。

EVERLASTING RESPONSIBILITY

第六章

用责任点燃工作激情

责任常青

如果你视工作是一种乐趣，人生就是天堂。如果你视工作是一种义务，人生就是地狱。

——约翰·D. 洛克菲勒

Everlasting Responsibility

没有做不好的工作，只有不负责的人

态度决定一个人的工作绩效。微软公司总裁比尔·盖茨认为，评价一个人做事的好坏，在工作中是否能够做到尽职尽责和尽善尽美，只要看他工作时的精神和态度即可。如果一个人工作起来充满热情，他就能够做到精益求精和力求完美；如果做起事来总是感到受了束缚，感到工作劳碌辛苦，没有任何趣味可言，那他绝不会作出什么伟大的成就。

一家公司的两名员工在休息室里聊天。其中一个说道："整天忙来忙去的，全是在为老板干活，可老板还经常说我办事没效率。拿的那么一点工资都不够女朋友逛一次商场。每天下班以后腰酸背痛，没精打采。第二天醒来的时候虽然是阳光灿烂，但是我的心里却是灰色的。想想一辈子要过这样的生活，心里就不是滋味。"

另外一个人非常同情地看着他说："我很少有这样的感觉。每天我把工作当做自己的事业来做。工作时我身上就好像有一种激情在燃烧似的，让我精力充沛，效率不错也不觉得累。当然有时候我也会遇到一些不如意的事情，心里也会感到些许的不舒服。回去睡一觉，第二天太阳照样升起，又开始新的一天。"

这两个人不同的地方就在于工作态度的不同。对工作缺乏热情，在工作中敷衍了事，工作效率自然就要大打折扣。

诺贝尔奖获得者爱德华·亚皮尔顿曾说过这样一句话："我认为，一个人想在科学研究上有所成就的话，热忱的态度远比专业知识来得重要。"同样，一个人要想在工作中取得成就，热情负责的态度要比能力更加重要。

有一个人，生下来就双目失明，为了生存，他子承父业，开始种花。他从未见过花是什么样子，只听别人说花是娇艳而芬芳的，他闲暇时就用手指尖触摸花朵，感受花朵，或者用鼻子去闻花香。他用心灵去感受花朵，用心灵绘出花的美丽。

他比任何人都热爱花，每天都定时给花浇水、拔草、除虫。下雨时，他宁可自己淋着，也要给花挡雨；盛夏时，他宁可自己晒着，也要给花遮挡烈日；刮风时，他宁可自己顶着狂风，也要用身体为花遮挡……

不就是花吗，值得这么呵护吗？不就是种花吗，值得这么投入吗？很多人对此都不理解，甚至认为他是个疯子。"我是一个种花的人，我得全身心投入到种花中去，这是种花人应尽的职责！"他对不了解的人说。正因为如此，他种的花比其他所有花农的花都开得好，备受人们欢迎。

一个人无论能力高低，岗位大小，只要能够以一种负责的态度积极地投入到自己的工作中去，就能够做好自己的工作，赢得别人的尊敬。相反，如果只是敷衍和应付自己的工作，再拿手的事情他也会做得一团糟。

彼特做了一辈子的木匠工作，他因敬业和勤奋深得老板的信任。随着年老力衰，彼特对老板说，想退休回家与妻子儿女共享天伦之乐。老板十分舍不得他，再三挽留，但是他去意已决，不为所动。老板只好答应他的请辞，但希望他能再帮助自己盖一座房子。彼特自然无法推辞。

但彼特已归心似箭，心思全不在工作上了。用料不那么严格了，做出的活也全无往日的水准。老板看在眼里，但却什么也没说。等到房子盖好后，老板将钥匙交给了彼特。

"这是你的房子，"老板说，"我送给你的礼物。"

老木匠愣住了，悔恨和羞愧溢于言表。他一生盖了那么多豪宅华亭，最后却为自己建了这样一座粗制滥造的房子。

同样一个人，可以盖出豪宅华亭，也可以建造出粗制滥造的房子，不是因为技艺减退，而是因为失去了责任感。如果一个人希望自己一直有杰出的表现，就必须在心中种下责任的种子，让责任感成为鞭策、激励、监督自己的力量。

不要只为薪水而工作

薪水是影响一个人工作热情的重要因素，但一个人真正的工作动力还是来源于对工作的热爱以及内心对自我价值实现的渴望。著名的人文学者马斯洛认为，一个人只有在追求"自我实现"的时候，才会迸发出持久强大的热情，才能最大限度地发挥自己的潜能，最大限度地服务于社会。正是这种热情和动力，成就了比尔·盖茨和他的微软公司。

比尔·盖茨的财产净值大约是 466 亿美元。如果他和他太太每年用掉一亿美元也要 466 年才能用完这些钱——这还没有计算这笔巨款带来的巨大利息。那他为什么还要每天工作呢？

斯蒂芬·斯皮尔伯格的财产净值估计为 10 亿美元，虽不像比尔·盖茨那么多，也足以让他在余生享受优裕的生活了，但他为什么还要不停地拍片呢？

美国 Viacom 公司董事长萨默·莱德斯通在 63 岁时开始着手建立一个很庞大的娱乐商业帝国。63 岁，在多数人看来是尽享天年的时候，他却在此时作出重大决定，让自己重新回到工作中去，而且，他总是一切围绕 Viacom 转，工作日和休息日、个人生活与公司之间没有任何的界限，有时甚至一天工作 24 小时。他哪来这么大的工作热情呢？

诸如此类的例子还有很多。那些拥有了巨额财产的人们，不但每天工作，而且工作相当卖力。如果你跟着他们工作，一定会因为工作时间太长而感到精疲力竭。那么，他们为什么还要这么做，是为钱吗？

还是看看萨默·莱德斯通对此的看法："实际上，钱从来不是我的动力。我的动力源自于对我所做的事的热爱，我喜欢娱乐业，喜欢我的公司。我有一个愿望，要实现生活中最高的价值，尽可能地实现。"

由此可见，一个人若只从他的工作中获得薪水，而其他一无所得，那么他无疑是很可怜的。因为他主动放弃了比薪水更重要的东西——在工作中充分发掘自己的潜能，发挥自己的才干，真正值得做的事情。

薪水并不能保证一个人尽职尽责地工作。只有把工作视为一个实现自我价值、追求卓越体验、造福社会的平台，我们才能充分激发出内心的热情和责任感。

一位著名教授有两个十分优秀的学生，对于他们而言，毕业后找份工作可谓轻而易举。当时，教授有个创办公司的朋友，委托教授为他物色一个适当的人选做助理。

教授推荐两个学生都过去看看，于是他们分别前去应聘。第一个应聘的学生叫墨菲。面谈结束几天后，他打电话给教授说："您的朋友太苛刻了，他居然只肯给月薪600美元，我不能这样为他工作。现在我已经在另外一家公司上班，月薪是800美元。"

后来去的那位学生叫约翰，尽管月薪也只有600美元，但是他却欣然接受。教授得知后问他："这么低的工资，你不觉得吃亏了吗？"

约翰说："我当然想挣更多的钱，但我对您朋友的印象十分深刻，我觉得只要能从他那里学到一些本领，薪水低一些也是值得的。从长远来看，我在那里工作将更有前途。"

很多年过去了。墨菲的薪水由当年的一年9600美元涨到40000美元，而原先年薪只有7200美元的约翰，现在的年薪却高达200万美元，还有外加的公司股权和分红。

能力锻炼远比薪水重要得多，公司的存在为你能力的提升和事业的发展提供了更多的机会。当你的能力得到老板的认可和赏识时，老板就会付给你更多的薪水。许多杰出的经理人所具有的创造能力、决策能力以及敏锐的洞察力并不是与生俱来的，而是在长期的工作中学习和积累得到的。由此可见，公司不但是员工之间互相交流和协作的平台，也是员工学习和展示才华的平台，只有从这个意义上认识公司，你才能充分焕发出内心的热情和责任感，将工作视为事业发展的一个契机，而不是痛苦的工作——薪水交换过程。

在励志电影《为人师表》中饰演角色的爱德华·奥尔莫斯应邀参加大学生的毕业典礼时，曾满怀激情地对大学生说："在大家离开前，我有一件事要提醒各位，记住千万不要为了钱而工作，不要只是找一份差事。我所说的'差事'是指为了赚钱而做的事情，在座各位当中许多人在校期间就已经做过各种各样的差事，但工作是不一样的。你对工作应该有非做不可的使命感，并且要乐在其中，甚至在酬劳仅够温饱的情况下，你也无怨无悔。你投入这项工作，因为它是你的生命。"

"追求热爱的事业，而非一份可以挣钱的工作。"这句简单的名言，可以加深你对工作的认识，唤起你工作的责任心。

钢铁大王查尔斯·施瓦布有一个十分精辟的见解，他认为："如果一个人对工作缺乏正确的认识，只是为了薪水而工作，很可能既赚不到钱，也找不到人生的乐趣。"

不论你所选择的事业能够为你带来多么丰厚的财富或是多么微薄的报酬，只要你用满腔热忱全心投入，为了追求自我价值的实现、创造价值和服务社会而工作，那么，你就会像那些取得卓越成就的顶级富豪一样，一定能够创造出崭新的局面，而你每天工作的时候自然也会感到充实、快乐。

激发内心的使命感

工作是一个人个人价值的体现，应该是一件充满激情的事情，我们有什么理由把它当做苦役呢？有些人抱怨工作本身太枯燥，然而，问题往往不是出在工作上，而是出现在我们自己身上。如果你能够积极地对待自己的工作，并努力从工作中发掘出自身的价值，找到自己的使命感，你就会发现工作是一件非做不可的乐事，而不是一种惹人烦恼的苦役。

有本叫做《栽种希望、培育幸福的人》的书，书中有个法国人，他独自生活在法国东南部一块荒凉的土地上。他的生活很简单：每天出去种树。

一年又一年，他不辞辛劳，就这样不停地播种、栽树。

树长成了森林，保存住了土壤里的水分，于是，其他的植物也能够生长了，鸟儿们可以在这儿筑巢了，小溪可以流淌了，这里又成了适合人类居住的绿洲。

临终前，他用自己的辛勤劳作，完全改变和恢复了整个地区的自然环境。原来逃离那里的人，又重新搬了回来，幸福地生活在这片土地上。

这是一个关于工作的意义和快乐的故事：每天努力工作，为自己也为他人栽种希望，培育幸福。这个工作的确简单而普通，但可以为我们带来快乐和价值感。

R ESPONSIBILITY

责任常青

曾经在美国费城的大楼上立起第一根避雷针、有着"第二个普罗米修斯"之称的富兰克林，说过这样一句话："我读书多，骑马少；做别人的事多，做自己的事少。最终的时刻终将来临，到那时我但愿听到这样的话："他活着对大家有益"，而不是'他死时很富有'。"

日本有一项国家级的奖项，叫"终生成就奖"。无数的社会精英一辈子努力奋斗的目标，就是为了能够最终获得这项大奖。但其中有一届的"终生成就奖"颁给了一个"小人物"——清水龟之助。

清水龟之助原来是一名橡胶厂工人，后来转行到了邮政部门，做了一名邮差。在最初的日子里，他没尝到多少工作的乐趣和甜头，于是在做满了一年以后，便心生厌倦和退意。这天，他看到自己的自行车信袋里只剩下一封信还没有送出去时，他便想道：我把这最后的一封信送完，就马上递交辞呈。

然而这封信由于被雨水打湿而地址模糊不清，清水花费了好几个小时的时间，还是没有把信送到收信人的手中。由于这将是他邮差生涯送出的最后一封信，所以清水发誓无论如何也要把这封信送到收信人的手中。他耐心地穿越大街小巷，东打听西询问，好不容易才在黄昏的时候把信送到了目的地。原来这是一封录取通知书，被录取的年轻人已经焦急地等待好多天了。当他拿到通知书的那一刻，他激动地和父母亲拥抱在了一起。

看到这感人的一幕，清水深深地体会到了邮差这份工作的意义所在。"因为即使是简单的几行字，也可能给收信人带来莫大的安慰和喜悦。这是多么有意义的一份工作啊！我怎么能够辞职呢？"

在这以后，清水更多地体会到工作的意义和自己肩负的使命感，他不再觉得乏味与厌倦，他深深地领悟了职业的价值和尊严，他一干就是 25 年。从 30 岁当邮差到 55 岁，清水创下了 25 年全勤的空前纪录。他在得到人们普遍尊重的同时，也于 1963 年得到了日本天皇的召见和嘉奖。

活着对大家有益，这就是工作赋予我们的意义——它们为我们指明方向，指引我们排除生活中的种种引诱和干扰，朝着恒定的目标前进。如果我们能够明确感受到自己的工作对于他人的价值，我们就会从中发现无穷的乐趣。

麦克在一家麦当劳餐厅工作，他的工作是烤汉堡。他每天都很快乐地工作，尤其在烤汉堡的时候，他更是专心致志。许多顾客对他如此开心感到十分好奇，纷纷问他："烤汉堡的工作环境不好，又是件单调乏味的事，为什么你可以如此愉快地工作并充满热情呢？"

麦克说："在我每次烤汉堡时，我便会想到，如果点这个汉堡的人可以吃到一个精心制作的汉堡，他就会很高兴，所以我要好好地烤汉堡，使吃汉堡的人能感受到我带给他们的快乐。看到顾客吃了之后十分满足，并且神情愉快地离开时，我便感到十分高兴，仿佛又完成了一件重大的工作。因此，我把烤好汉堡当做是我每天工作的一项使命，要尽全力去做好它。"

顾客听了他的回答之后，都对他能用这样的工作态度来烤汉堡感到非常钦佩。他们回去之后，把这样的事情告诉同事、朋友或亲人，一传十、十传百，很多人都喜欢来这家麦当劳店吃他烤的汉堡，同时看看"快乐烤汉堡的人"。

顾客还纷纷把他们看到的这个人认真、热情的表现反映给公司。公司主管在收到许多顾客的反映后，也去了解情况。公司有感于麦克这种热情积极的工作态度，认为他值得奖励和栽培，没几年，他便升为分区经理了。

麦克把每做好一个汉堡并让顾客吃得开心当做是自己的工作使命。对他而言，这是一份有意义的工作，所以他充满责任感、热情地去工作。

工作是人生中不可或缺的一部分。当我们把它看做人生的一种快乐的使命并投入自己的热情时，上班就不再是一件苦差事，工作就会变成一种乐趣，就会有许多人愿意聘请你来做你所喜欢的事。这时候，责任就不再成为你工作中的束缚，而会成为你工作时的动力。

主动点燃工作激情

热忱是一个人保持高度的自觉，把全身的每一个细胞都激活起来，完成他心中渴望的事情的一种状态；是一种强劲的情绪，一种对人、事物和信仰的强烈情感。工作中需要投入巨大的热忱，只有热忱才能取得工作的最大价值，取得最大的成功。

姜平是一家公司的采购员，非常勤奋，对工作有一种近乎疯狂的热忱。他所在的部门并不需要特别的专业技术，只要能满足其他部门的需要就可以了。但姜平千方百计找到供货最便宜的供应商，买进上百种公司急需的货物。

姜平兢兢业业地为公司工作，节省了许多资金，这些成绩是大家有目共睹的。在他 29 岁那年，也就是他被指定采购公司定期使用的约1/3的产品的第一年，他为公司节省的资金已超过80 万美元。

公司副总经理知道这件事后，马上就增加了姜平的薪水。姜平在工作上的刻苦努力博得了高级主管的赏识，使他在 36 岁时成为这家公司的副总裁，年薪超过 50 万美元。

你把工作当做一项事业来做，把自己的职业生涯与工作联系起来，你就会觉得自己所从事的是一份有价值、有意义的工作，并且从中可以感觉到使命感和成就感，从而彻底改变浑浑噩噩的工作态度。

热忱还具有感染力。当一个热情的人出现时，其他人就很难再无动于衷地保持冷漠。一群热忱的人组成一个团队，这个团队的能量将是无穷的。

汤米是一家电脑公司的业务主管，现在这家公司的生意相当红火，公司的员工对待自己的工作也充满了热情和骄傲。

但是，以前并不是这种情况，那时候，公司里的员工们都厌倦了自己的工作，他们中的许多人都已经做好辞职的准备了。但是，汤米的到来改变了这一切，他对工作充满了激情，这种精神状态点燃了其他员工胸中的热情火焰。

　　每天，汤米第一个到达公司，并微笑着与每一位同事打招呼。工作时，他容光焕发，好像生活又焕然一新。在工作的过程中，他调动自己身上的潜力，开发新的工作方法。在他的影响下，公司的员工也都早来晚走，斗志昂扬，纵然有时候腹中饥饿，也舍不得离开自己的工作岗位。因为他经常保持这种激情四射的工作状态，在很短的时间内便被经理提拔到主管的位置。

　　在他的带动和感染下，员工们也一个个充满了活力，公司的业绩不断上升。

　　汤米的成功在于他内心始终对工作保持着火一般的热忱，无论外界环境怎么样，他始终斗志昂扬、激情四射地去工作。可以说，正是他积极热忱的工作态度成就了他骄人的业绩。

　　那些对自己工作充满热忱的员工是企业最大的财富。从来没有什么时候像今天这样，给满腔热情的年轻人提供了如此多的机会！正如一位著名企业家所说："成功并不是几把无名火烧出来的成果，你得靠自己点燃内心深处的火苗。如果要靠别人为你煽风点火，这把火恐怕没多久就会熄灭。"

　　在工作时，如果你能以火焰般的热情充分发挥自己的特长，那么不论做什么样的工作，都不会觉得辛劳。热忱是实现工作理想的有效方式，用热忱点燃自己的工作，即便是最乏味的事情，也会变得富有生趣。很难想象，一个没有丝毫热忱的人会很好地完成自己的工作。我们每个人都应该学会用热忱去点燃自己的工作！

对于职业人而言，当你正确地认识了自身价值和能力以及社会责任时，当你对自己的工作有兴趣感到个人潜力得到发挥时，你就会产生一种肯定性的情感和积极态度，把自觉自愿承担的种种义务看做是"应该做的"，并产生一种巨大的精神动力。即使在各种条件比较差的情况下，非但不会放松对自己的要求，反而会更加积极主动地提高自己的各种能力，创造性地完成自己的工作。

美国得克萨斯州有一句古老的谚语："湿火柴点不着火。"当自己觉得工作乏味、无趣时，有时不是因为工作本身出了问题，而是因为我们的着火点不够低。没有选择或现状无法改变时，至少还有一点是可以选择改变的：积极投入地享受还是被动无奈地接受折磨，这取决于自己的心态。点燃我们心中的热情，从工作中发现乐趣和惊喜，在工作的热情中创造属于自己的奇迹吧！

积极做好每一份工作

工作中的每一件事都值得我们去做，而且还要充满热情，认真负责地去做。卢浮宫藏有一幅莫奈的油画，画的是女修道院的厨房里的场面。画面上正在劳动的不是普通的人而是一群天使，一个正在炉上烧水，一个正优雅地提起水壶，另外一个穿着厨娘的服饰，一只手去拿餐具——这是日常生活中最平常的劳作，天使们却做得全神贯注、一丝不苟。

认真做好每一份工作，即便是最平凡的工作，也能够为你带来成就感。

　　詹妮刚开始做新闻主播时，被委任的工作是报时和节目介绍，不仅每天的工作内容一成不变，就是一天之中相同的事情也要重复好几遍。然而，她最初应征的却是记者，因此，那个时候她的心情简直是糟透了，每天都过得相当郁闷，表情暗淡。这样，她的同事、朋友也慢慢地开始疏远她了，这使她的心情更加沉重，导致了一种恶性循环。

　　有一天，詹妮忽然意识到自己这样是在浪费青春，虚度光阴。如果自己实在是讨厌这份工作，那就立即辞职，否则以目前这种状态，一年中的大部分时间就会这样虚度过去，以这种颓废的心态来工作，简直就是在践踏自己的青春。既然不得不干下去，倒不如把自己融入到工作中去，使自己乐在其中。经过这样一番思想转变，她就开始思考，怎样才可以在呆板的台词中加入自己真正的心里话，使别人的台词成为自己的台词。

　　后来，詹妮找到了改善自己工作态度的办法，她发现，每周两次的晚间节目介绍的前10秒钟是她的自由空间。因为，在那之后的台词她无权更改，而此前的10秒钟则说什么都行。

　　"今天的天气真不错"、"昨天的棒球比赛很精彩"，在这10秒钟之内加上她亲眼目睹、亲耳所闻、真心所感的一些小事情。从时间上讲，不过短短的10秒钟，但是，从这以后，她的心情彻底改变了，每日一句成了她一天中最大的乐趣。不论是走路还是坐公交车，只要一有空闲，她就思考着今天的10秒钟说什么好，怎样表达才好些。这样，她又重新变得开朗起来，由此又赢得周围人的友谊。而她那颇具创意的每日一句也在听众中赢得广泛好评，原本僵硬死板的节目介绍，因为她的一句妙语而变得温馨无限，使人闻之如饮甘泉。同时，周围的朋友对她也大加赞赏："干得不错嘛！看你，真是神采飞扬！"周围人的赞美令她激情无限，工作越做越好。不久，她就被提拔到了更重要的工作岗位。

工作本身没有贵贱之分，但对待工作的态度却有好坏之别。无论从事什么样的工作，如果你能像詹妮那样，主动在工作中加入自己的创意，那么即使平凡单调的工作也能变成一件充满意义和乐趣的事情。

杜尼是一家连锁超市的打包员，日复一日地重复着几乎不用动脑甚至技巧也不复杂的简单工作。但是，有一天，他听了一个主题为"建立岗位意识和重建敬业精神"的演讲，便要通过自己的努力使单调工作变得丰富起来，他让父亲教他如何使用计算机，并设计了一个程序，然后，每天晚上回家后，他就开始寻找"每日一得"，输入微机，再打上好多份，在每一份的背面都签上自己的名字。第二天，他给顾客打包时，就把这些写着温馨有趣或发人深省的"每日一得"纸条放入买主的购物袋中。

结果，奇迹发生了。一天，连锁店经理到店里去，发现杜尼的结账台前排队的人比其他结账台多出 3 倍！经理大声嚷道："多排几队！不要都挤在一个地方！"可是没有人听他的。顾客们说："我们都排杜尼的队——我们想要他的'每日一得'。"一个妇女走到经理面前说："我过去一个礼拜来一次商店，可现在我路过就会进来，因为我想要那个'每日一得'。"

一个普通的小职员杜尼的创造激发了很多人的灵感：在花店中，员工们要是发现一朵折坏的花或用过的花饰，他们会到街上把其给一个老太太或是小女孩戴上；一个卖肉的员工是史努比的"发烧友"，他把画有史努比的不干胶贴纸贴到每一个他卖出的货物上。

工作是成就事业的唯一途径，如果把工作看成是生活的代价，是一种无可奈何、无法避免的劳碌，那将是十分错误的！

一个轻视自己工作的人，是不可能尽职尽责地对待自己的工作的。由于看不起自己的工作，因此备感工作艰辛、烦闷，自然他的工作也不会出色。

EVERLASTING RESPONSIBILITY

第七章

尽职尽责，尽善尽美

责任常青

所有成功者的标志
都是他们对自己所说的
和所做的一切全部负责。

——阿伯拉罕·哈伯德

Everlasting Responsibility

全力以赴，尽职尽责

著名的发明家爱迪生说过："生活中有一条永恒的真理，不管是最伟大的道德家，还是最普通的老百姓，都要遵循这一准则；无论世事如何变化，也要坚持这一信念。它就是，在充分考虑到自己的能力和外部条件的前提下，进行各种尝试，找到最适合自己做的工作，然后集中精力，全力以赴地做下去。"

24 岁的海军军官杰米·卡特，应召去见海曼·李特弗将军。

在谈话中，将军非常特别地让他挑选任何他愿意谈的话题。

当他好好发挥完之后，将军就总问他一些问题，结果每每将他问得直冒冷汗。终于他开始明白：自己认为懂得很多的那些东西，其实懂得很少。

结束谈话时，将军问他在海军学校学习成绩怎样。他立即自豪地说："将军，在 820 人的一个班中，我名列 59 名。"

将军皱了皱眉头，问："你竭尽全力了吗？"

"没有。"他坦率地说："我并不总是竭尽全力的。"

"为什么不竭尽全力呢？"将军大声质问，瞪了他许久。

此话对卡特犹如当头棒喝。从此以后，无论做什么事情，他都竭尽全力，后来成为美国总统。

英国著名艺术评论家罗斯金说："来到这个世界上，做任何事都要全力以赴。"

即使是最卑微的职业，也能从中体验到快乐与满足。例如，有一些非常擅长做家务的主妇，不管她们是烤面包、铺床铺，还是擦洗家具，都是一副乐在其中的专注神态。她们以积极的心态做这些事，并从中享受到乐趣。看着她们以轻松愉悦的心情做事，看着她们那发自内心的满足，真是一种享受。她们使家庭的氛围变得温馨、舒适，使人的心灵得到慰藉，使生活更加美好。

但另外一些家庭主妇，她们把家务活当成天下最乏味的事，只要稍有可能，她们就会拖延或干脆省掉那些家务劳动，即使是被迫做了一些，结果也不能令人满意，甚至一片狼藉，整个房间乱成一团，毫无舒适感。在这样的家庭里，心灵怎么会得到满足呢？只会让人觉得一切都是乱七八糟的。换句话说，她是以三心二意的手艺人的心态在做事，而不像前面提到的那样把家务做得很好的家庭主妇，完全以艺术家的心态做家务。

即使是补鞋这么低微的工作，也有人把它当做艺术来做，全身心地投入进去。不管是打一个补丁还是换一个鞋底，他们都会一针一线地精心缝补；另外一些人则截然相反，随便打一个补丁，根本不管它的外观，认为自己只是在谋生，根本没有热情来关心工作的质量。前一种人热爱这项工作，不是总想着从修鞋中赚多少钱，而是希望自己的手艺更精，成为当地最好的补鞋匠。

马丁·路德·金曾经说过："哪怕你是一个注定要扫大街的清洁工，你也要对自己的职责全力以赴，就如同米开朗琪罗作画、贝多芬作曲、莎士比亚创作戏剧那样投入地工作。倾注全力所取得的清洁工作成就，让每个人都为你驻足赞美，称你是一个杰出的清洁工。"

不论你的工作报酬是高还是低，都应该保持这种良好的工作作风。每个人都应该把自己看成是一名杰出的艺术家，而不是一个平庸的工匠，应该带着热情和信心去工作，在工作中享受由专注、创造所带来的深深的喜悦。

很多年前，有一位住在罗德岛的老人，他殚精竭虑地砌了一堵石墙，就像一位大师要创作一幅杰作一样，其专注程度甚至有过之而无不及。

他反反复复地审视着每一块石头，研究这块石头的特点，思考如何把它放在最佳位置。砌好以后，从不同的角度再细细打量，像一位伟大的雕刻家，欣赏着由粗糙的大理石变成的精美塑像，其满足程度可想而知。他把自己的手艺和热情都倾注到了每一块石头上。

每年，到他的农庄参观的人络绎不绝，他也很乐意解说每一块石头的特点以及自己是如何把它们的个性充分展现出来的。

你会问砌一堵石墙有什么意义呢？这堵石墙已经存在了一个多世纪，这就是最好的回答。

一位哲学家说过："工作是人类与生俱来的权利，它是最有效的心灵滋补剂，是医治精神疾病的良药。这从自然界就可以得到印证。一潭死水会逐渐变臭，奔流的小溪会更加清澈。如果没有狂风暴雨，没有飓风海啸，地球上全部是陆地，空气静止不动，这样的世界毫无生趣。在气候宜人、四季温暖如春的地方，人们十分惬意地享受着生活，自然容易无精打采，甚至对生活产生厌倦。但是，如果他每天要为自己的生计奔波、与大自然做激烈的搏斗，他就会精神抖擞，经受各种锻炼，发挥出最强的力量。"

全力以赴、尽职尽责的精神对于人一生的影响是难以估量的。当这种精神主宰了一个人的心灵，渗透进一个人的个性中，它就会影响一个人的行为和气质。做事全力以赴的人内心有一种韧性和激情，他不会轻易放弃他坚守的信念；他们做事也不会敷衍了事，而是力求尽善尽美。抱有这种精神做事的人总能从工作中体会到快乐。没有什么比圆满地完成一项工作、看着一件完美的作品更加令人心旷神怡，更加令人感到满足的了。

当一个人因为能把一件事做得尽可能完善而激动不已的时候，当一个人安静地欣赏着自己所做的一切而心满意足的时候，这是一种真正的快乐，是一种真正的成功。

卓越是唯一的工作标准

对于尽职尽责的人来说，卓越是唯一的工作标准。他们不会对自己说"我已经做得够好了"，而是要求自己在每一份工作中都做到尽善尽美。在工作中习惯于说自己"做得够好了"的人是对工作的不负责任，也是对自己的不负责任。每个人的身上都蕴涵着无限的潜能，如果你能在心中给自己定一个较高的标准，激励自己不断超越自我，那么你就能摆脱平庸，走向卓越。

第七章
尽职尽责，尽善尽美

彼得现在是一家公司的老板，以前他只是一个普通的推销员。他奋起的动因是他在一本书上看到的一句话：每个人都拥有超出自己想象 10 倍以上的力量。在这句话的激励之下，他反省自己的工作方式和态度，发现自己错过了许多可以和顾客成交的机会。于是，他制定了严格的行动计划，并在每一天的工作当中付诸实践。两个月后，他回过头看看自己的进展，发现业绩已经增加了两倍。数年以后，他拥有了自己的公司，在更大的舞台上验证着这句话。

世界上所有完善的表现都是建立在追求卓越的精神基础之上。

纳迪亚·科马内奇是第一个在奥运会上赢得满分的体操选手，她在 1976 年蒙特利尔奥运会上完美无瑕的表现，令全世界为之疯狂。

在接受记者采访的时候，纳迪亚·科马内奇谈到她为自己所设定的标准以及如何维持这样的高标准时说："我总是告诉自己，'我能够做得更好'，不断鞭策自己更上一层楼。要拿下奥运金牌，就要比其他人更努力才行。对我而言，做个普通人意味着必定过得很无聊，一点儿意思也没有，我有自创的人生哲学：'别指望一帆风顺的生命历程，而是应该期盼成为坚强的人。'"

一般人认为还可以接受的水准，对于像纳迪亚·科马内奇这样渴望成功的人而言，却是无法接受的低标准，他们会努力超越其他人的期望。

在这样的追求过程中，只要不是出类拔萃的表现，都不可能让人获得满足，进而心安理得。

甘于平庸的人并不能称得上对自己负责。只有把卓越当成自己的工作标准，不断告诉自己"我能够做得更好"，这样才能鞭策自己不断进步，充分施展出自己的才能，将工作做得尽善尽美。

有一个刚进入公司的年轻人，自认为水平很高，对待工作漫不经心。有一天，他的上司交给他一项任务——为公司的一个项目做一个企划方案。

这个年轻人为了讲效率，只花了一天时间就把这个方案做完了，交给上司。他的上司一看就给否定了，让他重新起草一份。结果，他又用了两天时间，重新起草了一份交给上司。上司过目之后，虽然觉得不是特别理想，但还能用，就把它呈送给了老板。

第二天，老板把那个年轻人叫进了自己的办公室，问他："这是你能作出的最好方案吗？"年轻人一愣，没敢作答。老板把方案推到他面前，年轻人一句话也没说，拿起方案，返回自己的办公室，稍微调整了一下情绪，重新把方案修改了一遍，又呈送给了老板。老板依旧还是那句话："这是你能作出的最好方案吗？"年轻人心里还是没底，没敢做出明确的答复。于是，老板让他再仔细斟酌、认真修改方案。

这一次，他回到办公室里，绞尽脑汁，苦思冥想了一周，把方案从头到尾又修改了一遍后交了上去。老板看着他的眼睛，仍旧是那句话："这是你能作出的最好方案吗？"年轻人信心十足地答道："是的，这是我认为最满意的方案。"老板说："好！这个方案批准通过。"

经历过这件事情之后，这个年轻人工作得越来越出色，受到了上司和老板的器重。他明白了一个道理：在工作中只有尽职尽责，才能够尽善尽美。一个人永远都不要对自己"说做得已经够好了"，只有力求完美才称得上是对工作负责。

事实上，无论客户、上司还是老板，真正存心挑剔的时候并不多，他们提出的要求，都是迫于某种需要。客户担心产品出问题，上司怕工作质量影响业绩，老板则更是迫于市场的巨大压力才严格要求，因为他从来都无法对市场说："我已经做得够好的了，你降低要求吧！"市场是无情的，有时可能只比竞争对手稍逊一点点，就会被淘汰出局。

当每位员工将"做到最好"变成一种习惯时，就能从中学到更多的知识，积累更多的经验，就能从全身心投入工作的过程中找到快乐。

这种习惯或许不会有立竿见影的效果，但可以肯定的是，当"做不到最好"成为一种习惯时，其后果将可想而知——工作上投机取巧也许在短期内只会给你的上司和公司带来一点点的经济损失，但长此以往，它却可能毁掉你的企业，影响到你个人前途的发展。

将卓越当成唯一的工作标准，是一句值得每个人铭记一生的格言。有无数人因为养成了轻视工作、马马虎虎的习惯，以及敷衍了事、糊弄工作的态度，终致一生都处于社会底层。细

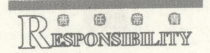

想一下，你的内心也应该有所触动吧！

不断质疑和改进自己的工作

质疑自己的工作是完善工作的前提。

在通用电气公司的一次项目会议上，总经理让他的下属们针对自己的工作谈一些看法，有一个部门经理站起来慷慨陈词："我现在对自己所从事的这项工作产生一些怀疑。这两年，在首席执行官的指导下，每个部门都接到了上百个项目，有许多项目都投入大量的人力资源和资金，但往往进行到中途便不了了之，这样下去，会毁了公司的。我们难道不能抓一些大一点的项目？或者我们能不能为每一个部门分配一些不浪费人力资源和资金，又能迅速见到效益的项目？这些项目不必太多，只要能见到效益，又不会浪费我们的时间和精力，就对我们的发展有莫大的好处。"

这位经理的一番话，震动了总经理和坐在周围的各位部门经理，他们都为这位经理勇于负责的工作精神所感动。整个下午，大家放弃了原先开会的议题，针对这位经理所提出的问题，进行分组讨论，重新制定战略目标。结果，经过重新调整战略规划后，公司节省了许多开支，也加快了发展的步伐。

在这个竞争激烈的商业社会里，公司和个人都面临着巨大的压力。只有每一个对工作持有认真负责态度的员工，不断质疑和改进自己的工作，才能帮助公司完善体系，使公司适应市场变化，推动公司向前发展。

唐骏可以说是当今 IT 界的"金领"。他刚进入微软时，做的是最基层的程序员，只是微软这个大蜂巢里千千万万的工蜂之一。

微软当时正在开发 Windows，先做英文版，然后由一个 300 人的大团队开发成其他语言版本。以中文版为例，并不只是翻译菜单那么简单，许多源代码都要重新改写。比如 Word 里打完一行字自动换行，英文是单字节的，中文却是双字节，如果按照英文版来，一个"好"字，可能"女"在上一行末尾，"子"就到了下一行开头。为此，50 个人经过不懈努力，修改了大半年，才改出称心的中文版。所以最初 Windows 上市后，中文版过了 9 个月才上市；到了 Windows3.1，上市时间更是滞后了 1 年多。

埋头开发了 10 个月后，唐骏越想越觉得不对劲：常年雇那么多人做新版本，成本太高，全球各语言版本推迟那么久上市，实在是贻误良机。

能不能改进一下？下了班，唐骏开始动脑筋，琢磨怎样才能解决问题。半年后，他写出几万行代码，反复运行，证明他的程序经得起检验，才找老板面谈。公司又花 3 个月认证，于是，原先的 300 人团队一下减到了 50 人。凭借这个业绩和表现出来的对待工作精益求精的精神，唐骏得到了提升，从程序员一直做到微软（中国）总裁的位置，也得到了微软很少颁发的"比尔·盖茨终身成就奖"。

尽职尽责，是负责的基本要求。一名员工，无论从事什么工作都应当尽职尽责，尽自己的最大努力去争取进步。把尽职尽责融入到自己的本职工作中，追求尽善尽美，你才能得到社会的认可，受到老板的青睐。

查理上大学的时候就在一家著名的 IT 公司做兼职，由于表现出色，大学毕业后就成为该公司的一名正式员工，在公司里担任技术支持工程师。工作两年后，年仅 24 岁的查理就被提拔为公司历史上最年轻的中层经理，最近他更因在技术支持部门出色的工作表现而调任美国总部任高级财务分析师。

初进这家公司时，查理只是技术支持中心的一名普通工程师，但他非常想干好毕业后的第一份工作。当时，经理考核他的依据是记录在公司的报表系统上的"成绩单"。"成绩单"月末才能看到。于是他想：如果可以每天得到"成绩单"的报表，从经理的角度，岂不是可以更好地调配和督促员工？而从员工的角度，岂不是能更快地得到促进和看到进步？与此同时，他还了解到现行的月报表系统有另外一些缺陷：当时另外一家分公司的技术支持中心只有三四十人，如果遇到新产品发布等原因，业务量突然增大，或者一两个员工请病假，很多工作就会被耽误。

综合考虑了各种因素之后，查理觉得自己有必要设计一个有更快速反应能力的报表系统。他花了一个周末的时间写了一个具有他所期望的基础功能的报表小程序。一个月后，查理的"业余作品"——基于 Web 内部网页上的报表开始投入了使用，并取代了原来从美国照搬过来的 Excel 报表。由于在报表系统上出色的表现，公司总裁从中看到了他的一些潜质，认为他可以从更高的管理角度思考问题。一年以后，总裁亲自将一个重要的升迁机会给了查理，让他担任公司在整个亚洲市场的技术支持总监。

你是否能够让自己在公司中不断得到成长，这完全取决于你自己。如果你仅仅满足于现在的表现，凡事都做到"差不多"或者"将就"的程度，那你在公司的地位永远都不能变得更加重要，因为你根本就没有作出重要的成绩。当公司赋予你一项重任时，一定要做到超越公司的期望，千万不要满足于得过且过的表现，要做就要做得最好。在追求进步方面，不要做到适可而止，一定要做到永不懈怠；在知识能力方面，不要满足于一知半解，一定要做到融会贯通——只有如此，才能成为公司中不可或缺的人才，才能成为公司发展天平上更重的一个砝码。

认真细致，确保工作万无一失

古语有云，"千里之堤，溃于蚁穴"，魔鬼往往隐藏于细节之中。失败的最大祸根，就是养成了敷衍了事的习惯。而成功的最好方法，就是养成认真细致、一丝不苟的习惯，把自己经手的每一件事都做到尽善尽美。

中国的神舟5号载人宇宙飞船成功飞入太空并安全返回指定地点，是中国航天科技发展史上的又一个里程碑。要知道这样一个极其复杂的载人航天系统，要由 500 多万个零部件组成。即使是有 99% 的精确性，也仍然存在着 50000 多个可能有缺陷的部件。哪怕是 99.999% 的精确性，不也还存在 50 多个可能的隐患吗？如何能够达到 100%，那就要消灭那些可能存在的缺陷。航天的奇迹就在于一定要做到 100%，要把一切可能的隐患都测试、估计、预控到，这样才能够确保万无一失。

按照一般的概率统计，如果一部由 13000 个零部件组成的汽车，其精度能够达到 99.999% 的话，那么它第一次发生故障或出现反常情况将可能在 10 年以后。中国的汽车还做不到 10 年以后才出现毛病，而德国奔驰汽车就能够保证 20 万公里不动螺丝刀，以正常的每年 2 万公里的汽车行程计，也基本上能做到 10 年不出毛病了。这种质量保证就来自员工精益求精的工作态度。

精益求精是每一位老板都十分看重的职业精神，如果一名员工不能认真对待自己的工作，在工作中做到精益求精，那么他就不可能是一个尽职尽责的员工。

一位企业经营者说过："如今的消费者是拿着'显微镜'来审视每一件产品和提供产品的企业。在残酷的市场竞争中，能够获得较宽松生存空间的企业，不是'合格'的企业，也不是'优秀'的企业，而是'非常优秀'的企业。你要求自己的标准，必须远远高于市场对你要求的标准，才可能被市场认可。"

美国一家公司在韩国订购了一批价格昂贵的玻璃杯，为此美国公司专门派了一位官员来监督生产。到韩国以后，他发现，

第七章

尽职尽责，尽善尽美

这家玻璃厂的技术水平和生产质量都是世界第一流的，生产的产品几乎完美无缺。他很满意，就没有刻意去挑剔什么，而韩方自己的要求比美方还要严格。

一天，他无意中来到生产车间，发现工人们正从生产线上挑出一部分杯子放在旁边，他上去仔细看了一下，没有发现两种杯子有什么差别，就奇怪地问："挑出来的杯子是干什么用的？"

"那是不合格的次品。"工人一边工作一边回答。

"可是我并没有发现它和其他杯子有什么不同啊？"美方官员不解地问。

"你看，这里多了一个小的气泡，说明杯子在制造的过程中漏进了空气。"

"可是那并不影响使用啊？"

工人很自然地回答："我们既然工作，就一定要做到最好，任何缺点，哪怕是客户看不出来的，对于我们来说，也是不允许的。"

"那么这些次品一般能卖多少钱？"

"10 美分左右吧。"

当天晚上，这位美国官员给总部写信汇报："一个完全合乎我们的检验和使用标准价值 5 美元的杯子，在这里却被在无人监督的情况下用几乎苛刻的标准挑选出来，只卖 10 美分。这样的员工堪称典范，这样的企业又有什么可以不信任的？我建议公司马上与该企业签订长期的供销合同，我也没有在这里的必要了。"

　　每一家公司要在竞争中取胜，都必须设法先使每个员工在工作中精益求精，只有这样才能生产出让顾客满意的产品，才能为企业创造长久的效益，才能保证企业永续常青的发展。

　　一位企业经营者在总结管理经验时得出了这么一个著名的公式：100－1＝0。意思是说100件事情，如果99件做好了，1件未做好，就有可能对整个公司、企业或个人产生百分之百的影响。

　　在数学上，"100－1"等于99，而在企业经营上，"100－1"却等于0。

　　100次决策，有一次失败了，可能让企业关门；100件产品，有一件不合格，可能失去整个市场；100个员工，有一个背叛公司，可能让公司蒙受无法承受的损失；100次经济预测，有一次失误，可能让企业破产⋯⋯

　　这位经营者一针见血地指出，从手中溜走1％的不合格，到用户手中就是100％的不合格。为此，我们要获得成功，就应当养成认真细致的工作作风，为自己的工作制定严格的标准。要自觉地由被动管理到主动工作，让规章制度成为自己的自觉行为，把事故苗头消灭在萌芽之中。

把每一个细节做到位

　　细节成就完美。无论你从事什么样的工作，扮演何种角色，都应该从点滴入手，从细微入手，认认真真地对待每一个细微之处，把每一个细节做到位。只有这样，你才能把自己的工作做得尽善尽美。

罗丹是一位闻名于世的雕塑家。有一天，罗丹在他的工作室向一位来访者解释——为什么自这位参观者上次来参观到现在，他都一直忙于这一个雕塑的创作，而迄今还有一部分仍未完成。罗丹一边用手指着雕塑一边认真地说："这个地方，我仍需要再润色一下，让它看起来更加光彩夺目，这样整个面部的表情会因为光彩的增加而更柔和。当然在它的衬托下，"他又用手指了一下说，"那块肌肉也会显得强健有力。然后呢，"他顿了一下说："嘴唇会更富有表情。当然，全身会因为以上的种种显得更加有力度。"

那位来访者听了罗丹的介绍，疑惑不解地说："您所说的相对于这座雕塑像来说，好像都是些琐碎之处，它们在整个雕像中并不是那么引人注目！"

罗丹回答道："也许如此，但是你一定要知道，也正是你所说的这些琐碎的、不引人注目的细小之处才使整个作品趋于完美呀！而对于一件作品来说，完美的细小之处可不是件小事情呀！"

那些优秀的、成就非凡的人，总是于细微之处用心，在细微之处着力。正是有这些毫不起眼的小事的完成，才成就了以后的大事。

一名法国人到上海参加一个商务会谈，入住在一家五星级的酒店里。早晨，当这个法国人从房间出来准备吃早餐时，一名漂亮的服务小姐微笑着和他打招呼："早上好，史密斯先生。"法国人感到非常惊讶，他没有料到这个服务员竟然知道自己的名字。服务员解释说："史密斯先生，我们每一层的当班服务员都要记住每一个房间住的客人的名字。"法国人一听，非常高兴。

在服务员的带领下，法国人来到餐厅就餐。在用过一顿丰盛的早餐后，服务员又端上了一份酒店免费赠送的小点心。法国人对这盘点心很好奇，因为它的样子太奇怪了，就问站在旁边的服务员："中间这个绿色的东西是什么？"那个服务员看了一眼，后退一步并做了解释。当客人又提问时，她上前又看了一眼，再后退一步才作答。原来这个后退一步是为了防止她的口水溅到食物上。法国客人对这种细致入微的服务非常满意。

几天以后，当法国人处理完公务退房准备离开酒店时，服务员把单据折好放在信封里，交给这位客人的时候说："谢谢您的光临，史密斯先生，真希望不久就能第三次再见到您。"原来，这位客人在半年前来上海时住的就是这家酒店，只不过上次只住了一天，所以对这个服务员没什么印象，而她居然还能记得。

后来，这位法国客人又多次来到上海，当然，他每次肯定会住在这家酒店，而那位服务员的服务依然是那么细致入微。当这个法国人最近一次入住这家酒店时，发现当年的那位服务员现在已经是酒店的客房部经理了。

只有全力以赴做好每一个细节，才能把工作做好，才能完成自己应尽的职责。无论做什么工作，我们都要全力以赴而不能有所保留。

　　比利时有一出著名的基督受难舞台剧，演员辛齐格几年如一日地在剧中扮演受难的耶稣，他高超的演技与忘我的境界常常让观众不觉得是在看演出，而似乎真的看到了再生的耶稣。

　　一天，一对远道而来的夫妇在演出结束之后来到后台，他们想见见扮演耶稣的演员辛齐格，并与他合影留念。合完影后丈夫一回头看见了靠在旁边的巨大的木头十字架，正是辛齐格在舞台上背负的那个道具。

　　丈夫一时兴起，对一旁的妻子说："你帮我照一张我背负十字架的像吧。"于是，他走过去想把十字架拿起来放到自己的背上去，但他用尽了全力十字架仍纹丝未动，这时他才发现那个十字架根本不是道具，而是一个真正的、用橡木做成的沉重的十字架。

　　在使尽了全力之后，他不得不气喘吁吁地放弃了。他站起身，一边抹去额头的汗水，一边对辛齐格说："道具不是假的吗？你为什么要每天都扛着这么重的东西演出呢？"

　　辛齐格说："如果感觉不到十字架的重量，我就演不好这个角色。在舞台上扮演耶稣是我的职业，和道具没有关系。"

　　这个故事给人以强烈的震撼，也可以这样说：职场中没有道具，要做好工作，你就必须付出百分之百的努力。

　　把每一个细节做到位，不仅是员工的要求，同时也是企业发展的必须。在产品和服务越来越同质化的今天，细节的完美是企业竞争的制胜一招。有一家公司的墙上贴着这样一句格言：

苟求细节的完美。如果每个人都能恪守这一格言，我们的自身素质无疑会得到大幅度的提高，也会避免很多失误与后悔。

个人如此，企业更是这样。管理市场运作、管理销售团队、管理财金事务等，都要有这种苛求细节完美的精神，起点低不要紧，关键是要认真对待每一件小事，把寻常的事做得不寻常的好。要么不做，要做就做到最好。只有树立这样的高标准，才能把工作做到完美无缺，才能促进个人和企业共同进步。

EVERLASTING
RESPONSIBILITY

第八章

责任造就职业常青

像猎豹一样找准时机，主动承担富有挑战性的工作，你就可以使自己的能力得以充分的发挥和展示，你的能力也一定可以得到上司的认可。

——安得鲁·卡内基

Everlasting Responsibility

成长是一种责任

迪克一直认为自己是一个无足轻重的人，上学时他不是成绩很优秀的学生，工作时他也不是业绩很突出的员工，甚至在家里他也觉得父母对其他兄弟姐妹比对他更加疼爱。他觉得所有的人都不重视他，也不需要他，所有的事情即使没有他也一样能完成，所以他理所当然地认为自己对任何人、任何事都没有义务。他心想："除了自己的衣食住行之外，我不用为任何事承担责任。"就这样，迪克轻松地度过了他的学生时代和过去的一段职业生涯。不过，最近迪克觉得自己不再像以前那么轻松了，似乎有某种压力来到了他的身上。原来，问题出在迪克的工作上。

迪克所在的公司发展很快，很多和迪克同时进公司的人都依靠自己的努力得到了公司的重用。最近，公司合并了另外一家公司，正在对内部人员进行调整，又有一批同事得到了提升，就连比迪克晚到公司一年的朱丽叶小姐也被公司任命到了分公司担任一个项目的负责人。迪克的心里逐渐感到不平衡了，他问自己："为什么公司在发展之后提升了那么多同事，唯独我没有得到重用呢？"

迪克满腹委屈和疑惑地找到了公司人力资源主管彼得先生。听了迪克的一番疑问和抱怨之后，彼得先生说道："公司的每一位员工不仅对企业的发展负有责任，而且对自身的成长也有责任。实现自身的成长是每一位员工必须承担的责任，而对自己的这种责任和推动公司发展的责任是合为一体的。如果你过去从来没有承担过实现自身成长的责任，也没有把公司的发展当成自己的责任，那么今天在公司获得成长机会的就理所当然不是你。不过，现在想清楚这一点还并不算晚，因为你还在公司，公司也会为你们提供最公平、最完善的发展机制。我希望在以后的工作中你能够全心全意地为公司的成长贡献自己的力量。路在你自己的脚下，要如何走或者要走到哪一步就全看你自己的选择了。"

听了彼得先生的话，迪克羞愧地低下了头，他过去看到别人取得进步时总以为那都是机会使然，而这种机会是可遇而不可求的。他从来都没有想到成长是一种责任，促进公司的成长也就是促进自己成长，这是一份相当重大的责任。现在他才明白自己肩上的责任有多重，现在他才知道以后的路应该怎么走。

由此可见，成长也是一种责任。一个人只有对自己的成长负责，才能对公司的成长负责，才能促进企业经营的常青发展，也才能实现自身职业的常青发展。

林波大学毕业后，进了一家机械厂工作，跟他一同分配来的还有四五个大学生。他们几乎都没经过什么技术培训，就被分到各个部门，担任基层管理人员。

由于他们不懂生产，不熟悉工艺流程，所学专业与实际操作又相差太远，在管理上明显感到力不从心。加之有些工人也欺他们是外行，工作中总是偷奸耍滑、偷工减料，这让他们感到非常头疼。为此，林波主动向厂长提出申请：下车间当个三班倒的工人。这个消息一传出，全厂哗然，大家都说他是个怪人，连那几个一同分配来的大学生对此都表示不能理解。

林波对各种议论根本就不加以理会，到了制造车间安安心心做了一名工人。他全身心地投入到工作中，努力钻研各项技术，熟悉每个工种。由于他勤学好问，那些生产能手们都爱教他，把自己多年的经验都毫无保留地传授给他，很快他就全面掌握了生产工艺，生产中遇到的问题没有他解决不了的。两年后，他升任车间主任。面对成功，他并不骄傲自满，始终严把产品质量关，所以，他所在车间的产品质量一直是最好的。

几年后，工厂经营不太景气，厂里决定试行承包制。林波承包了一个车间，由于他技术过硬，又勤奋好学，工人们也都乐意跟他干。这时，他又拿出钻研业务的劲头投入到营销中去，成立了一支精干的销售队伍。由于产品质量过硬，营销自然得力，很快就打开了市场销路，到了年底，其他车间都出现了不同程度的亏损，唯有林波承包的车间赢得了巨额利润。因此，厂里决定把车间全部都承包给他。在厂部对科室人员进行精简时，当年和他一同进厂的大学生因为技术不过关，有的下岗了，剩下的一个当了食堂管理员，一个当了门卫。

成长是一种责任，也是一个人实现职业常青的必由之路。对自己的成长负起责任，在工作中不断地追求进步，用自己的成长推动企业的发展，这样才称得上是尽职尽责的员工。

主动学习，在升值中升职

主动学习、追求自身价值是每一名员工对自己、对企业应尽的职责。21 世纪是一个信息爆炸的时代，科技发展日新月异，如果你的知识不及时更新，它们就会像车子、房子、机器设备那样迅速地折旧。职场之中没有永远的红人，如果你不注意主动为自己充电，即使你目前在老板眼中很优秀，但是很快你就会失掉自己的优势，进入职场的冬季。

我国台湾的资深音乐人黄舒骏在谈起工作中的学习问题时深有感触。10 年来，处在流行行业最前线的唱片业每年都有源源不断的新人，以数百张新专辑的速度抢攻唱片市场，稍不留意就会被远远地抛在后面。黄舒骏觉得："老不是最可怕的，未老已旧才是最悲哀的事。"所以，面对推陈出新的市场，不断学习和创新才能不被抛出轨道，"我是个容易忧虑的人，每天都觉得自己不行了。"正是这样的忧虑才是进步的动力。

这绝非危言耸听，美国职业专家指出，现在职业半衰期越来越短，高薪者若不学习，不出 5 年就会变成低薪者。就业竞争加剧是知识折旧的重要原因，据统计，25 周岁以下的从业人员，职业更新周期是人均一年零四个月。当 10 个人中只有 1 个人拥有电脑初级证书时，他的优势是明显的；而当 10 个人中已有 9 个人拥有同一种证书时，那么原有的优势便不复存在。未来社会只有两种人：一种是忙得要死的人；另外一种是找不到工作的人。

所以，只有主动学习才能保证自己在职场中百战百胜，才能保证职业常青。

戴尔公司的市场总监奥尼斯的成长经历可谓是"一步一个脚印"，他是从一名普通的广告策划人做起的，后来成了公司的市场部经理，最后成为戴尔公司的一名优秀的市场总监。那么奥尼斯究竟是如何一步一步成长起来的呢？让我们看看他从一个市场部经理成长为市场总监的过程吧。

在成为公司的市场部经理之后，奥尼斯很快就对自己的工作有了一个极其准确的定位。

在企业的营销过程中，市场部经理的位置十分重要，一个优秀的市场部经理，在很大程度上能够协助市场总监完成营销战略任务。奥尼斯认为，一个优秀的市场部经理的定位应该有四个最基本的功能：

（1）具有营销策划的能力。因为市场部职能首先是为营销服务的，如果一个公司的营销流程缺乏一个鲜明的营销主题来总领的话，那么这个公司的营销质量就不会得到很大的提高。

（2）具有品牌策划的能力。品牌策划也是一个很宽泛的概念，每个企业都会碰到，市场部经理最基本的是能够把本企业的品牌在本企业所处的具体环境中，迅速做大做强，让品牌快速成长。

（3）具有产品策划的能力，也就是要具备从一个产品的设计、立意等方面配合产品的营销主题的能力。

（4）具有对市场消费态势潜在性的分析能力。如果公司的市场部经理或者市场总监能够对未来发生的消费态势进行一些前瞻性的捕捉，掌握领先一步的策略，那么公司以后的道路就会走得更好。

后来，奥尼斯又认真研究了大多数公司对市场部经理的更高要求，他觉得自己应该在目前的能力基础上进一步提升自己的价值。

首先，他从掌握各项营销政策入手进行学习，因为他过去从事的是广告策划工作，对营销政策知之甚少。之后，他又开始不断强化自己的执行力，因为他发现自己对于公司整个营销推广过程的监控实施力度都很差。另外，奥尼斯还认识到自己的市场应变能力很差，缺乏市场销售过程的锤炼和亲身的市场销售体验，这实际上是他在工作中最大的软肋。

有了这些深刻而全面的认识之后，奥尼斯开始着手逐步提升自己这方面的竞争力。他首先对自身这些软弱的因素进行弥补，先让自己成为一名优秀、称职的市场部经理。后来，他又用了3年的时间来亲身体验营销实践。与此同时，奥尼斯又学习了丰富的组织管理知识、全面的法律知识和财会知识，因为这些知识在工作中很有用处。当然，修炼对团队的掌控能力也是其提升自身竞争力的一个重要方面，如果控制不了下属团队，那么一切都是枉然。

通过几年的认真学习和实践锻炼，奥尼斯终于如愿以偿地成了公司的市场总监，他为公司的市场营销工作创造了极大的成就。即使到了现在，他仍然在不断充实自己。

现在，奥尼斯已经成了公司中不断成长的楷模，董事长总是让其他员工向善于成长的奥尼斯学习。

主动学习、让自己升值，这是每一名员工必须履行的职责。当然，在职场上奋斗的人的学习有别于学校里学生的学习，因为缺少充裕的时间和心无杂念的专注以及专职的传授人员，所以积极主动地学习尤为重要。下面为大家提供几种适用于职场的学习方法，供大家参考。

1. 在工作中学习

工作是任何职业人员的第一课堂，要想在当今竞争激烈的商业环境中胜出，就必须学会从工作中吸取经验，探寻智慧的启发，获取有助于提升效率的资讯。

年轻的彼得·詹宁斯是美国 ABC 晚间新闻当红主播，他虽然连大学都没有毕业，但是却把事业作为他的教育课堂。他当了 3 年主播后，毅然决定辞去人人艳羡的主播职位，到新闻第一线去磨炼，干起记者的工作。他在美国国内报道了许多不同领域的新闻，并且成为美国电视网第一个常驻中东的特派员。后来他搬到伦敦，成为欧洲地区的特派员。经过这些历练后，他重又回到 ABC 主播台的位置。

此时，他已由一个初出茅庐的年轻小伙子成长为一名成熟稳健又广受欢迎的记者。

通过在工作中不断学习，你可以避免因无知滋生出自满，进而损及你的职业生涯。不论是在职业生涯的哪个阶段，学习的脚步都不能稍有停歇，要把工作视为学习的殿堂。你的知识对于所服务的公司而言可能是很有价值的宝库，所以，你要好好地自我监督，别让自己的技能落在时代后面。

2. 争取培训的机会

很多公司都有自己完备的员工培训体系，培训的投资一般由公司作为人力资源开发的成本开支，而且公司培训的内容与工作紧密相关，所以争取成为公司的培训对象是十分必要的。为此你要了解公司的培训计划，如周期、人员数量、时间的长短，还要了解公司的培训对象有什么条件，是注重资历还是潜力，是关注现在还是关注将来。如果你觉得自己完全符合条件，就应该主动向老板提出申请，表达渴望学习、积极进取的愿望。老板对于这样的员工是非常欢迎的，同时技能的增长也是你升迁的保障。

3. 注意自修，补抢先机

在公司不能满足自己的培训要求时，也不要闲下来，可以自掏腰包接受"再教育"。当然首选应是与工作密切相关的科目，还可以考虑一些热门的项目或自己感兴趣的科目，这类培训更多意义上被当做一种"补品"，在以后的职场中会增加你的"分量"。

未来的职场竞争将不再是知识与专业技能的竞争，而是学习能力的竞争，一个人如果善于学习，他必能为自己赢得一个光明的前途。

成为公司的"专家员工"

如果你能真正制好一枚别针，应该比你制造出粗糙的蒸汽机赚到的钱更多。一位总统曾在演讲中这样对学生们说："比其他事情更重要的是，你们需要知道怎样将一件事情做好；与其他有能力做这件事的人相比，如果你能做得更好，那么你就永远不会失业。"

一个人无论从事何种职业，都应该尽心尽责，尽自己的最大努力，求得不断的进步。这不仅是工作的原则，也是人生的原则。如果没有了职责和理想，生命就会变得毫无意义。无论你身居何处（即使在贫穷困苦的环境中），如果能全身心地投入工作，最后都会获得成功。那些在人生中取得成就的人，一定在某一特定领域里进行过坚持不懈的努力。知道如何做好一件事，比对很多事情都懂一点皮毛要强得多。

"从送水工到副总经理"，这不是天方夜谭。如果你能够全身心地投入到自己的工作中，积极地学习行业知识，让自己成为公司的"专家员工"，那么，有朝一日，类似这样的情况也会发生在你身上。

白宁如今是一家建筑公司的副总经理，五六年前，他是作为一名送水工被建筑公司招聘来的。在送水工作中，他并不像其他送水工那样，刚把水桶搬进来，就一面抱怨工资太少，一面躲起来吸烟。他每一次都给每位建筑工人的水壶倒满水，并利用工人们休息的时间，请求他们讲解有关建筑的各项知识。没几天，这个勤奋好学、不满足现状的送水工，就引起了建筑队长的注意，两周后，他被提拔为计时员。

当上计时员的白宁依然尽职尽责地工作，他总是早上第一个来，晚上最后一个走。由于他勤学知识，对包括地基、垒砖、刷泥浆等在内的所有建筑工作都非常熟悉，当建筑队长不在时，一些工人总爱请教他。

一次，建筑队长看到白宁把旧的红色法兰绒撕开套在日光灯上以解决施工时没有足够的红灯照明的难题后，便决定让这位年轻人做自己的助理。就这样，白宁通过自己的勤奋努力抓住了一次次机会，仅仅用了五六年时间，便晋升到了这家建筑公司的副总经理的位置。

虽然白宁升为公司的副总经理，但他依然坚持自己勤奋工作的一贯作风。他常常在工作中鼓励大家学习和运用新知识、新技术，还常常自拟计划，自画草图，向大家提出各种好的建议。只要给他时间，他就可以把客户希望他做的事做到最好。

白宁的成长经历告诉我们，无论你目前的职位和工种是什么，只要你严于律己，勤奋好学，不断提升自身的专业技能，就能够实现自身和企业发展的常青。

南方一家煤炭公司的罗平，是一名有30年工龄的普通而不平凡的员工，从锅炉工到司炉长、班长、大班长，至今他仍深爱着陪伴他成长并成熟的锅炉运行岗位。就是在这个岗位上他当上了锅炉技师，成为远近闻名的"锅炉点火大王"和"锅炉找漏高手"；就是这个岗位，他感受到了作为一名工人技师的荣耀和自豪。

罗平有一副听漏的"神耳"，只要围着锅炉转上一圈，就能在炉内的风声、水声、燃烧声和其他声音中，准确地听出锅炉受热面是哪个部位的管子有泄漏声；往表盘前一坐就能在各种参数的细微变化中，准确判断出哪个部位有泄漏点。

除了找漏，罗平还练就了一手锅炉点火、锅炉燃烧调整的绝活。在用火、压火、配风、启停等多方面，他都有独到见解。锅炉飞灰回燃不畅，他提出技术改造和加强投运管理建议，实施后使飞灰含碳量平均降低到 8% 以下，锅炉热效率提高了 4%，每年为企业节约 32 万元；针对锅炉传统运行除灰方式存在的问题，罗平提出"恒料层"运行方案，经实施，解决了负荷大起大落问题，使标煤耗下降 0.4 克/千瓦时，年节约 200 多万元。

罗平学历不高、工种一般、职务很低，但他却成为公司上下公认的技术能手和创新能手。罗平的成长经历给我们的启迪就是：干一行，爱一行，通一行。只要努力，你就会成为公司发展必不可少的力量。

许多人都曾为一个问题而困惑不解——明明自己比他人更有能力，但是为什么自己的成就却远远落后于他人？不要疑惑，不要抱怨，应该先问问自己一些问题：

——你是否真的走在前进的道路上？

——你是否像画家仔细研究画布一样，仔细研究职业领域的各个细节问题？

——为了拓宽自己的知识面，或者为了给你的老板创造更多的价值，你认真阅读过专业方面的书籍吗？

——在自己的工作领域你是否做到了尽职尽责？

如果你对这些问题无法作出肯定的回答，那么这就是你无法取胜的原因。

无论从事什么职业，都应该精通它。让这句话成为你的座右铭吧！下决心掌握自己职业领域内的所有问题，使自己变得比他人更精通。如果你是工作方面的行家，精通自己的全部业务，就能赢得良好的声誉，也就拥有了一种潜在的通向成功的秘密武器。

在工作中树立个人品牌

美国管理学者华德士提出：21世纪的工作生存法则就是建立个人品牌。他认为，不只是企业、产品需要建立品牌，个人也需要在职场中建立个人品牌。个人品牌对于自身事业的发展有着不可低估的积极作用。

企业家的个人品牌，甚至可以决定一个企业的品牌；对于一个职业经理人来说，个人品牌是职业发展的助推器，借助它你可以更快地得到升迁，平步青云；对于一个普通工作者来说，个人品牌能使你在职场沉浮中立于不败之地，使你有机会获得加薪或奖赏，甚至作为高薪的特聘员工，成为竞争对手争相猎取的"猎物"。

在某家外资企业就职的小王就是这样的一个例子。德才兼备、尽职尽责的小王就职的公司已多次裁员，但他却"岿然不动"，因为他不但学历高，技能好，工作责任感也很强，用老板的话讲是"忠诚度高，'经久耐用'"。像这样在行业中形成个人品牌的人才又何止小王一个。

刘先生可以说是成功塑造个人职业品德的又一个典型例子。刘先生原来在一家律师事务所上班，但最近他开了一家律师事务所，自己做老板，生意非常红火，门庭若市，因为一贯仗义执言的刘先生在律师界内外的口碑都相当不错，"打官司，找刘先生"已成为许多人的默认"主页"。

可见，一个人要想保持职业常青，就应当在工作中树立起自己的个人品牌，这样才称得上是对自己的未来负责。

建立个人品牌，首先要进行"品牌定位"。弄清几个问题：你想要成为什么？你的工作有价值吗？你有价值吗？个性不同，每个人的品牌定位就不同。找出自己与他人不同的特点：别人认为你最大的长处是什么？最值得人注意的个人特点是什么？

26岁的李胜是惠普公司科技电信部的一名业务员，他既没有管理者的职衔，也不是重要的小组成员，但是他的工作是代表惠普科技了解客户，组织公司的资源，满足客户需求。李胜到电信部的第一年，分配的年度业绩是220万美元，实际上他的目标达成率超过300％，达到了700万美元，是当年的超级业务员。

李胜说："我非常了解自己的人格特质就是善于沟通协调，希望自己可以让同事和客户感受到'他可以信任我，并且可以被了解'。"李胜非常了解自己的人格特质，并善于给自己定位。

其次，个人品牌必须以道德为基础。品牌即人品，这句话在个人品牌上更容易理解，即一个人的人品，决定一个人的个人品牌。人品有优劣，个人品牌形象也有优劣，但是两者不能轻易画等号，因为人是一种善于伪装的动物，真假优劣需要认真辨别才能定论。因此，个人在树立自己的品牌时，还应该努力除去自己身上的道德污点，逐步提高自己的道德水平。否则，再富有魅力的个人品牌也只是一层薄薄的窗户纸，一捅就破，随即"原形毕露"。

再次，个人品牌的形成要靠学习来支撑。在形成自己个人品牌的过程中，我们必须有终生学习的观念和行动。虽然很多人都在叫嚷着终生学习，很多人都会说自己明白终生学习的道理，但是，仔细观察其行为，却不能不说很遗憾，因为他们只是停留在"明白道理"的层面上，根本就没有将终生学习的理念变成日常行为。时间一长，个人综合素质得不到实质性的提高，良好的个人品牌自然很难树立起来。

当然，个人学习必须有一个切实可行的计划，而且计划必须根据个人的发展及时进行调整，以适应个人发展的需要。至于个人在每一阶段学习的内容和方式，则可以根据个人的人生目标、兴趣爱好以及自身财力来确定，必要时可以向相关人员做适当的咨询，以保证学习内容的科学性以及最终的学习效果。

最后，建立个人品牌还要学会包装自己。"桃李不言，下自成蹊"的观念是不利于建立个人品牌的。包装就是要展现品牌的个性。什么是成功的包装？职业咨询师认为，像商品的包装一样，有吸引力的包装都有共通之处，那就是生命力、明确、信任、耀眼、平易近人。但要注意，过分包装会适得其反。

竞争不可怕，裁员也不可怕，可怕的是自己并无太多能让人记住的东西。在工作变换越来越频繁的年代，你不可能永远属于一家公司、一个职位，你也不可能总是只做一名普通的员工，你应当把自己当做一个品牌来经营。

在建立个人品牌的过程中我们要抱着对自己负责、让自己受益的原则，不要因为外界的一些影响就改变自己的原则。努力工作，把事情做好，当时没有人看见不是关键，短期内没有人知道也没关系，但是长期坚持下去，自己的个人品牌形象就会渐渐被公司认可，直到最终被社会认可。显然，当个人品牌被广泛认可的时候，个人必将是"名利双收"，个人也自然而然成为最大的受益者。这个观念看起来简单，但是，真正认识这个观念则需要一定的时间，很多人只有经过职场的起起落落后，才能慢慢体会到这个观念的真谛。

让自己变得不可替代

文艺复兴时期，一个画家是否能够出人头地，取决于能否找到好的赞助人。

米开朗琪罗的赞助人是教皇朱里十二世，一次在修建大理石石碑时，两人产生了分歧——他们激烈地争吵起来，米开朗琪罗一怒之下扬言要离开罗马。

大家都认为教皇一定会怪罪米开朗琪罗，但事实恰恰相反——教皇非但没有惩罚米开朗琪罗，还极力请求他留下来。因为他清楚地知道米开朗琪罗一定能够找到另外的赞助人，而他永远无法找到另一位米开朗琪罗。

米开朗琪罗作为一名无与伦比的艺术家，其卓越的才华是他手里的王牌，有不可替代性，就可以让自己的地位坚不可摧。拥有特殊才能的人不需要依赖特定的上司或特定的工作场所来巩固自己的地位。

尼克松当总统时，白宫几次进行权力变动，但基辛格始终保有一席之地，这并不是因为他是最好的外交官，也不是因为他与尼克松相处融洽，更不是因为他俩有共同的政治理念，而是因为他涉足政府机构内的领域太多，除掉他会导致极大的混乱。

无论是米开朗琪罗还是基辛格，他们的成就都印证了这样一个道理：任何一个人拥有了别人不可替代或逾越的能力，就会使自己的地位变得十分稳固。因此，让一切都在自己的掌控之中，让自己的技能无可取代，才能立于不败之地。

同样，在职场中拥有卓越的才华也可以让你成为老板眼中不可替代的员工，为自己的职业发展奠定良好的基础。

一位老板这样说："我手下有 8 名销售代表，其中两名顶尖高手创造的销售增长额高达总数的 50%，这两个人我是丢不起的。"

这两个"丢不起"的员工，就是老板"不可替代"的员工。

一个不可替代的员工在老板心中要胜过千万张订单。在这里，有一个关于两个苹果的故事。

凯利是巴黎一家大酒店餐饮部的一名小厨师，他没有特长，做不出一道像样的大菜，只能在厨房当下手。他憨憨的，谁都可以说他两句。经济低迷时期，酒店年年要裁去一定比例的员工，照理凯利应首当其冲，但他会做一道特别的甜点：将两个苹果的果肉放入一个苹果中，使这只苹果显得特别丰满，而从外表上一点也看不出是由两个苹果拼成的，果核被巧妙地去掉了，吃起来特别香。

一次，这道甜点被一名贵夫人发现了，贵夫人是该酒店最重要的客人，她长期包租一套酒店里最昂贵的套房。她十分喜爱凯利做的甜点，并接见了他。从此，贵夫人每次来酒店，都不会忘了点那道甜点，所以每次酒店裁员，不起眼的凯利总是风平浪静。而可爱的凯利，也由此成为酒店老板眼中最重要的员工。

在职场上，没有终身的雇佣关系，如果你的发展跟不上职业的发展，那么你就能成为公司里可有可无的人。因此，作为一名员工，你有责任让自己在工作中有更好的表现，为此你除了要尽职尽责地工作之外，还要努力提升自己的专业技能，使自己成为公司发展不可或缺的人。

我们平时在工作之余，不妨问问自己：我是不是这里不可或缺的人？在这个组织里我有什么安身立命的资本？如果回答不是特别肯定的话，那就要加油，赶快给自己充电，赶快学会做"那道特别的点心"的本领。当别人有的资源你不缺，而你有的资源别人又没有，你就有了安身立命的资本。

不要再把时间浪费在慨叹命运对自己的不公上，也不要再抱怨老板的吝啬和不通人情。要明白你的收获由你的付出决定，公司的发展需要你的努力，公司的进步要靠每一位员工的成长来推动。每一名员工都应当为企业的发展和自身的发展负起责任。

EVERLASTING RESPONSIBILITY

第九章

责任：迈向成功人生的基石

责任常青

责任心将你的身体
与心智的能量锲而不舍
地运用在同一个问题上
而不厌倦。大多数人都
在做事，从早忙到晚，
也很努力，但是假如你
们将你们的责任感运用
在一个确定的方向、一
个目标上，你们一定能
够成功。

——托马斯·爱迪生

Everlasting Responsibility

责任：成就人生的基石

责任是成就人生的基石，是完善自我、成就自我的翅膀。翻阅历史，那些事业有成的人士，无不具有勇于负责的品质。阿尔伯特·哈伯德曾经说过："所有成功者的标志都是他们对自己所说的和所做的一切负全部责任。"

华盛顿出生在一个大庄园主家庭，家中有许多果园。果园里长满了果树，但其中夹着一些杂树。这些杂树不结果实，还影响着其他果树的生长。一天，父亲递给华盛顿一把斧头，要他把影响果树生长的杂树砍掉，并再三叮嘱，一定要注意安全，不要砍伤自己的脚，也不要砍伤正在结果的果树。在果园里，华盛顿挥动斧子，不停地砍着。突然，他一不留神，砍倒了一棵樱桃树。他害怕父亲知道了会责怪他，便把砍断的树堆在一块儿，将樱桃树盖起来。

傍晚，父亲来到果园，看到了地上的樱桃，就猜到是华盛顿不小心把果树砍断了。尽管如此，他却装作不知道的样子，看着华盛顿堆起来的树说："你真能干，一个下午不但砍了这么多树，还把砍断的杂树都堆在了一块儿。"听了父亲的夸奖，华盛顿的脸一下子红了。他惭愧地对父亲说："爸爸，对不起，只怪我粗心，不小心砍倒了一棵樱桃树。我把树堆起来是为了不让您发现我砍断了樱桃树。我欺骗了您，请您责备我吧！"

父亲听了之后，哈哈大笑，高兴地说："好孩子！虽然你砍掉了樱桃树，应该受到批评，但是你勇敢地承认了自己的错误，没有说谎或找借口，我原谅你了。你知道吗？我宁可损失掉1000棵樱桃树，也不愿意你说谎，逃避责任！"华盛顿不解地问："承认错误真的那么重要吗，能和1000棵樱桃树相比吗？"

父亲耐心地说："敢于承认错误是一个人最起码的品德。只有敢于承担责任的人才能在社会上立足，才能取得别人的信任。看到你今天的表现，我就放心了。以后把庄园交给你，你肯定会经营好的。"

华盛顿长大以后，一直以强烈的责任感来约束和激励自己，他领导了美国的独立战争，是美利坚合众国的创立人之一，于1789年当选为美国第一任总统，成为美国人心目中的英雄。

要想事业有成，就要像华盛顿那样，树立勇于负责的职业精神。勇于负责，会让你在工作中有更出众的责任，取得优异的成绩，这样自然比别人更能获得加薪和晋升的机会。勇于负责，会让你敢于承担更大的责任，积极主动地为公司的发展出力流汗、谏言献策，这样自然会得到老板的重用，将你培养成公司的顶梁柱。勇于负责，会让你的人格变得高尚，赢得同事的尊敬和老板的赏识，使你向未来的成功和辉煌积极地迈进。

当然，一个人承担的责任越大，付出的就越多，这也是很多人不愿承担重任的原因。他们不想把时间百分之百地投入到工作中去，更不愿意下班后还要考虑工作，影响自己的休闲生活，自然他们也不会获得多大的成功。还有人不相信自己的能力，怕承担不了重任而陷入麻烦之中。其实，每个人身上都有巨大的潜能没有发挥出来。美国学者詹姆斯认为，普通人只发挥了他蕴藏的潜力的 1/10，与应当取得的成就相比，只不过发挥了一小部分能量，只利用了身心资源的很小一部分。一旦你决定承担起责任，并努力去做好工作，一些你担心无法完成的工作，往往能够圆满地完成。

詹森是一家房地产公司的部门主管，一天，主管人力资源的副总把他找去谈话。原来有一位部门经理突然辞职，留下很多需要紧急处理的工作。副总已经和其他两位部门经理谈过此事，要求他们暂时接管那个部门的工作，但是他们都以手头上工作很忙为由委婉推辞掉了。副总问詹森能否暂时接管这一工作。实际上，詹森也很为难，因为他也很忙，而且拿不准能否同时处理好两份繁重的工作。但是，他觉得既然副总信任自己，自己就有责任做好。于是，他当场同意接管那个部门的工作，并保证尽最大努力来完成。

一整天，詹森都忙得不可开交。下班后他冷静下来，认真思考应该怎样提高工作效率，怎样在同一时间里完成两份工作。他很快就制订出了方案，第二天就采取了行动。比如，他与秘书约定，把下属汇报工作集中安排在某一个时间；把所有的拜访活动都安排在某一个时间；除非紧急而重要的电话，一般的电话都集中安排在某一个时间回复；将一般会议由 30 分钟缩短为 10 分钟；每天对秘书的口授都集中在一个时间里。这样，他的工作效率就有了很明显的提高，两个部门的工作都处理得很好。

两个月后，公司决定把两个部门合并为一个部门，全部由詹森负责，并且给他大幅度加薪。

责任感可以激发我们的潜能，让我们创造出超乎想象的业绩。责任感可以激励我们战胜困难，取得成功。一个对自己前途负责的人应该经常自问："我还能承担什么责任？"而不是因循守旧地重复着毫无挑战性的工作。多想想除了做好手头上的工作，你还能够为公司做什么？每天哪怕多做一点点，工作也会得到改观，整项计划也会得到促进。一个人承担更多更大的责任，他的价值也就越大。没有一个老板不喜欢这样的员工。

美国总统肯尼迪在就职演说中说："不要问美国给了你们什么，要问你们为美国做了什么。"这句话曾激励了一代又一代美国青年积极主动地为自己的行为和现在所处的糟糕情况负责。正是这种负责精神使他们找到了突破困境、走向成功的真正途径，使美国经济实现了腾飞。负责精神是改变一切的力量。如果你的职业陷入困境，事业步入低谷，不要抱怨和不满，要先问问自己为公司做了什么，只有这样才能积蓄起破除事业坚冰的力量。

责任：实现自我价值的必由之路

勇于负责是一个人实现自我价值的必由之路。一个员工能肩负起他特定职位上的重任，在工作中发挥出他最大的才能，展现出他所拥有的潜在素质，按照精益求精的高标准出色地完成工作任务，并使自己从中得到快乐和满足，他的人生价值自然就得到了实现。这也是自我实现的必由之路。

第九章
责任：迈向成功人生的基石

麦氏饭店是美国一家以经营牛肉饼为主的快餐公司，这家公司的每一位员工都必须从基层做起，这是这家公司的一大特点。每位员工的自我实现都是从实习助理开始的，那些有责任心、有学历、独立自主的年轻人在 25 岁以前就可以成为中、高层管理者。

每一位新进入麦氏饭店的员工只要经过七个阶段的努力，就可以由一名普通的员工晋升为一名总部经理。

第一阶段：见习助理。有学历的年轻人要当 6 个月的见习助理。在这 6 个月里，他们要到公司各个基层岗位工作，如采购、配调料、收款等，在这些一线岗位上，见习助理要学会保持清洁与周到服务的方法，并依靠他们的亲身实践来积累管理的经验，为以后的管理工作做准备。

第二阶段：二级助理。与见习助理不同的是，这个工作岗位已经具备管理性质，他们要承担一部分管理工作，如订货、计划、排班、统计，等等。他们要在一个小范围展示他们的管理才能，并在日常实践中摸索经验，管理好他们的小天地。

第三阶段：一级助理。在进入公司 8～14 个月后，有学历的年轻人将成为一级助理，即经理的左膀右臂。同时，他们也肩负了更多更重要的责任，每个人都要在餐馆中独当一面。他们的管理才能也日趋完善，这离他们晋升为经理的梦想已不远了。

第四阶段：参观经理。在步入这个很多人梦寐以求的阶段前，他们还需要进行为期 20 天的培训，那就是在公司总部接受全面、系统的培训。

第五阶段：巡视员。一个有才华的年轻人晋升至经理后，公司依然为其提供广阔的发展空间。经过一段时间的努力，他们就可从经理晋升为巡视员，负责5~6家餐馆的工作。

第六阶段：大区顾问。4年后，巡视员可晋升为大区顾问。届时，他将成为公司派驻其下属15家左右餐馆的代表。作为公司15家左右餐馆的顾问，他的责任更重大，其主要职责是保持总部与各个餐馆之间信息交流畅通。同时，地区顾问还肩负着诸如组织培训、提供建议、企业标准的制定之类的重要使命，成为总公司在这一地区的全权代表。

第七阶段：总部经理。成绩优秀的大区顾问还能得到晋升，成为总公司的总部经理。

麦氏饭店的七阶段晋升制度告诉我们这样一个道理：一个员工，如果想证明自己的价值，实现人生理想，他就应该尽早在心中树立起责任感，因为对工作负责是一个人自我价值实现的必由之路。

年轻的卡尔森出身贫寒，接受教育和获取知识的机会都很有限。然而，他却是一个勤奋努力，对自己的工作负责的人。

开始，他在费城找了一份书店售货员的工作，每天徒步8英里上下班。虽然报酬每周仅有20美元，但他却能毫不懈怠地对待工作，每天把柜台擦拭得干干净净，把书籍摆放得整整齐齐，并时刻笑对每位顾客。同时，他利用业余时间不断地充实自己。这种勤奋刻苦、尽职尽责的工作精神被传为佳话，感动了许多人。

后来，他进入了一家制衣店，周薪变成了40美元。他更加努力地工作，到了不惑之年，他终于成为一个颇有成就的商人。

卡尔森的成功告诉我们，一个人要想取得事业和人生的成功，就要培养自己的责任感，尽职尽责地对待自己的工作。

责任＝机会

"机会在哪里？"这是很多人，尤其是那些渴望在事业上取得成功的年轻人经常挂在嘴边的一句话。

事实上，机会在每一个人的身边。有很多人抱怨机会太少，主要有以下几个原因：

一是缺乏抓住机会的能力，只能眼睁睁地看着很多机会从身边溜走，除了慨叹"别人机会那么多，我却没有机会"外，什么也做不了。

二是机会来了，却没有做好准备，甚至"缺位"了——也就是说机会来了，他却不在。

三是没有认识到责任就是机会，见到责任就躲，结果把机会也躲掉了。

上述三种情形中，第三种是最常见的，很多人都吃过这方面的亏。当上级安排任务时，他们的第一个反应就是："麻烦事来了。"或者说："这是额外的责任，我不能去承担。"

像这样的员工，无论在什么样的企业都不会有太大的发展。因此，当你觉得自己缺少机会或者是职业道路不顺畅时，不要抱怨环境，而应该问问自己是否承担了责任。

安妮在一家公司做文员，她的工作就是整理、撰写、打印一些材料。很多人都认为她的工作单调而乏味，但安妮不觉得，她觉得自己的工作很好，并认为：检验工作的唯一标准就是你做得好不好，而非别的。

安妮整天重复着这些工作，做久了，她发现公司的文件中存在着很多问题，甚至公司的一些经营运作方面也存在着问题。于是，安妮除了每天必做的工作之外，她还细心地收集一些资料，甚至是过期的资料。她把这些资料整理分类，然后进行分析，写出建议。为此，她还查询了很多有关经营方面的书籍。

最后，安妮把打印好的分析结果和有关证明资料一并交给了老板。老板起初并没有在意，一次偶然的机会，老板读到了安妮的这份建议。这让老板非常吃惊，这个年轻人竟然有这样缜密的心思，而且她的分析井井有条，细致入微。

后来，老板采纳了很多安妮的建议。老板很欣慰，他觉得有这样的员工是他的骄傲。当然，安妮也被老板委以重任。

责任感是职场人士的一大亮点，它可以让一个初出茅庐、能力平平的人脱颖而出，迅速成为公司里炙手可热的关键人物。如果你能够像安妮那样对自己的工作尽职尽责，那么你也就会是一个很容易成功的人。

麦当劳快餐连锁店新总裁查理·贝尔年仅43岁，他是麦当劳的首位澳大利亚籍老板。他的职业生涯始于15岁。1976年，年仅15岁的贝尔于无奈之中走进了一家麦当劳店，他想打工赚点零用钱，也没有想到以后在这里会有什么前途。他被录用了，工作是打扫厕所。虽然扫厕所的活儿又脏又累，但贝尔却对这份工作十分负责，做得十分认真。

他是个勤劳的孩子，常常是扫完厕所，就擦地板；擦完地板，又去帮着翻正在烘烤的汉堡包。不管什么事他都认真负责地去做，他的表现令麦当劳打入澳大利亚餐饮市场的奠基人彼得·里奇心中暗暗喜欢。没多久，里奇说服贝尔签了员工培训协议，把贝尔引向正规职业培训。培训结束后，里奇又把贝尔放在店内各个岗位上。虽然只是做钟点工，但悟性出众的贝尔不负里奇的一片苦心，经过几年锻炼，全面掌握了麦当劳的生产、服务、管理等一系列工作。19岁那年，贝尔被提升为澳大利亚最年轻的麦当劳店面经理。

贝尔的成功说明了这样一个道理：作为一名雇员，如果你能对工作有一种强烈的责任感，那么你肯定是一个容易成功的人。因为由于你的责任感和不断的努力，公司才得到了长足的发展，作为老板，最先奖赏的自然就是你。你为公司付出你的责任感，公司当然也会对你的发展负责，你将会得到老板的赏识，这样你自然就能脱颖而出了。

可以这么说，机会就蕴藏在责任之中。责任就等于机会，承担责任的人，不一定马上会得到回报，但最终总会得到回报。责任和机会的关系，分析起来有三种情形：

1. 责任与机会合二为一

比如，某公司有一个重要项目需要实施，董事长提出竞争上岗，谁做好了，谁就是下任董事长。谁都看得出来，做好项目既是责任也是机会。

2. 责任中隐藏着机会

比如，老板对一位员工说："你去开发西北市场。"表面看来，老板是给员工一个任务，实则是给员工一个机会，因为如果开发西北市场成功了，这位员工可能获得西北市场总经理的位置。

3. 机会中隐藏着责任

比如，老板任命某员工为副总经理。从表面上看，这是一个机会，事实上，它同时又有责任，抓住做副总经理这个机会，意味着要承担起一个合格的副总经理应当承担的责任。

上面三种关系，归纳起来实际上就是一种关系："责任就是机会"，或者说"机会等于责任"。

放弃责任，就等于放弃了自己

阿那哈斯是古希腊最知名的智者之一。有一次，他在街上遇见了一个人，那个人问他："尊敬的阿那哈斯，请问什么样的船最安全？"

阿那哈斯回答："是那些离开了大海的船。"

那人顿悟："哦，我明白了，离开道路的车辆、离开战场的士兵，同样是最安全的。"

阿那哈斯又回答："是的。但是，有多少人愿意得到这样的安全呢？丧失了工作和人生的责任、没有激情、无所事事、也无所用心，这对于一个人来说，也许是最悲惨不过的事了。"

一个人丧失了责任心，就会变得玩世不恭，对工作敷衍了事，这对于他个人以及周围的人来说都是一个莫大的损失。

事实上，责任是一种生存的法则。无论对于人类还是对于动物界，遵循这个法则，才能够存活，一个人放弃了责任，就等于放弃了在这个生存法则下更好生存的机会。

动物园里有3只狼，是一家三口。这3只狼一直是由动物园饲养的，为了恢复狼的野性，动物园决定将它们送到森林里，任其自然成长。首先被放回的是那只身体强壮的狼父亲，动物园的管理员认为，它的生存能力应该比剩下的两只狼强一些。

过了些日子，动物园的管理员发现，狼父亲经常徘徊在动物园的附近，而且看起来像是很饿的样子，无精打采的。但是，动物园并没有收留它，而是将幼狼放了出去。

幼狼被放出去之后，动物园的管理者发现，狼父亲很少回来了。偶尔带着幼狼回来几次，它的身体好像比以前强壮多了，幼狼也不像挨饿的样子。看来，公狼把幼狼照顾得很好，而且自己过得也很好。为了照顾幼狼，狼父亲必须捕到食物，否则，幼狼就会挨饿。管理员决定把剩下的那只母狼也放出去。

母狼被放出去之后，这3只狼再也没有回来过。动物园的管理员想，这一家三口看来是在森林里生活得不错。后来，管理员解释了这3只狼为什么能重返大自然生活："公狼有照顾幼狼的责任，尽管这是一种本能，正是这种责任让它们俩生活得好一些。母狼被放出去后，公狼和母狼共同有照顾幼狼的责任，而且公狼和母狼也需要互相照顾。这3只狼互相照顾，才能够重回自然，重新开始生活。"

看来，责任是生存的基础，无论是动物还是人。

社会学家戴维斯说："放弃了自己对社会的责任，就意味着放弃了自身在这个社会中更好的生存机会。"放弃承担责任或者蔑视自身的责任，这就等于在可以自由通行的路上自设路障，摔跤绊倒的也只能是自己。

叶灵、王新和吕萍是一家广告公司新招聘的三位文案策划。

有一次，她们三个人各自接到了为一家房地产公司新开楼盘策划广告文案的任务。接到任务后她们马上开始收集信息、寻找灵感，以求得到最好的创意。

王新在收集信息的时候就感到不耐烦了："这个楼盘的有关信息既烦琐又细碎，我估计仅收集信息就要花费大量时间，与其把时间都花在收集和整理信息上，还不如先休息几天，凭借我的聪明才智没准一不小心就能找到灵感呢。再说了，文案设计得再好，我也不能从房地产公司那里得到更多的好处，老板也不会多付给我一份工资，因此这件事根本就不值得我费那么大的力气。"于是，她好好地休息了几天之后，草草地策划了一份楼盘广告文案准备应付了事。她策划的这份文案读起来令人感到索然无味，完全是在堆砌词汇，至于文案本身的创新性和审美性就根本不用提了。这样的文案显然没有任何利用价值，更不要奢望会被房地产公司选中了，广告公司的老板看完之后随手把它扔到了废纸篓中。

责任：迈向成功人生的基石

吕萍的责任心要比王新强一点，她在收集了几天信息之后也感到无聊了，她觉得自己的工作实在是太枯燥了，几乎所有的灵感都在收集信息的过程中跑得无影无踪。尽管最后她挖空心思也没能思考出一个好创意，不过她还是想："我既然拿了老板的工资，就有责任把这个文案做出来。"于是，她强迫自己收集和整理一些重要的相关信息。在她的努力下，文案终于策划好了，这个文案很真实地反映出了那个楼盘的重要特征，但是最后看起来总让人觉得缺少一点什么。

叶灵是三个人中责任心最强的一个。她从接受任务那天起就开始通过各种途径收集有关这个楼盘的有用信息，还从图书馆借了几本最新的有关房地产广告文案的书进行学习，然后，又通过向同事、朋友学习以及凭借自己丰厚的知识累积，很快就找到了策划这一文案的灵感。有了灵感的她马上把这种灵感用自己的文字捕捉住，并且抓紧时间对这个文案进行润色和进一步加工，最后，终于在老板规定的期限内完成了这个优秀的创意。她送到老板手上的是一份颇具创意和吸引力且不失格调的策划方案，老板看完之后马上把这份文案传真到了那家房地产公司，房地产公司对这份文案感到相当满意，当即决定采用这份文案。

到了年底，广告公司开除了王新，留下了另外两位，不过吕萍的工资水平和各种福利待遇都和叶灵有着明显的差距。

5年以后，王新彻底失业了，没有一家公司愿意聘用他。吕萍仍然靠自己的辛苦努力艰难地维持着一家人十分节俭的生活，而叶灵却成了全市著名的策划大师，她策划出的文案既形象生动又深入人心，为许多聘用她的公司创造了巨大的利润。

责任是一个人职场生存和发展的基础，一个人放弃了自己的责任，就等于放弃了在职场中更好生存的机会。大量的成功学研究无不证明了这样一个事实：责任能够使一个人真正地明白人生和工作的意义所在，责任能够指明一个人应该努力的方向。有责任感的人，绝不会仅仅是为了薪水而去工作，责任会使他明白，为自己去工作、为公司去工作、为了自己心中的使命和理想去工作，人生才会变得充实和有意义。

与公司一起成长

公司得以常青发展的根本就是要随着时代的前进不断进步，随着行业的发展不断成长，公司的成长依赖公司内部所有员工的共同努力和不断进步。每一位员工的进步都会推动公司的成长，每一位员工的努力都会为公司的进步增添一份力量，实现自身的进步和促进公司的成长是每一位员工义不容辞的责任，只有不断成长的员工才能为公司创造更大的价值。

杰克连续三年被评为 A 公司的最佳员工，公司中的同事每天都会看到杰克精力充沛地开展各项工作，无论多难的任务他都不退缩，无论做多少事情他也不喊累，而且他做任何一项工作都精益求精。同事们都对杰克充沛的精力感到由衷的钦佩，同时也为此感到不可思议，因为工作一天下来，大家都觉得累极了，杰克不仅不感到累，而且似乎还意犹未尽。

更令同事们感到不可思议的是，杰克还常常很积极地加班，而且还主动申请干那些没有人愿意干的棘手工作。当公司出现危机时，他不像其他同事那样急着另谋生路，而是像公司总裁一样急着寻找克服危机的方法……

"杰克好像把公司当成了自己的财产，或者他是一个天生的工作狂，否则的话，他怎么会如此热爱工作，如此为公司的事情大伤脑筋？"公司中的同事们都这样评论杰克。那么老板是如何看待杰克的呢？让我们听听在一次员工大会上，公司总裁的一段讲话吧：

"公司今年的'最佳员工'仍然是杰克。杰克先生已经连续5年获得了此项殊荣，他的家庭应该为有他这样的成员而感到骄傲，他的朋友应该以有他这样的朋友而感到自豪，公司中的所有员工也应该为有他这样的伙伴而受到激励，公司更为有这样的员工而备感荣幸。另外，公司的发展也正是在像杰克一样忠诚和优秀的广大员工的共同努力下实现的。在此，我感谢杰克，感谢像他一样为推动公司成长付出切实努力的员工。"

杰克更是以自己在公司一步一个脚印的成长经历验证了公司总裁对他的高度评价：他现在是公司的执行副总裁之一，而且是公司最受信任的副总裁之一，而他刚进入公司的时候只不过是一个最普通的销售助理。

有人问杰克为什么会做得这么优秀，为什么工作起来不知疲倦，为什么要为公司付出这么多精力。面对这么多的疑问，杰克平静地回答道："工作让我感到快乐和充实。当我接受一项工作任务时，我能够感受得到这份任务背后所承载的使命感和责任感，靠这份工作我实现了个人的价值，并且承担了作为一名父亲和丈夫应尽的职责。至于我为什么要为公司付出那么多的精力，我想这个问题更容易回答，因为我的事业和公司的事业是绑在一起的，因此我认为从某种程度上说，公司就是我的合伙人，我们必须朝着同一个方向共同努力。如果我努力了，进步了，那么公司的事业就会得到发展；同样，公司的持续发展又为我个人的进步创造了最优越的条件。所以我认为，我为公司付出多少精力都是值得的，也都是应该的。"

杰克的一番话道出了广大老板和员工共同的心声：责任心是缔造优秀企业和优秀员工的主要力量。责任可以保证一个人职业常青，保证他所在的企业常青。责任是推动公司和个人共同发展的强大动力。

公司的成长需要所有的员工都和公司朝着同一个方向迈进，当所有员工都同心协力、尽职尽责地为公司的事业奋斗、拼搏时，公司的成长就会势如破竹、激流勇进。与此同时，为公司的成长付出努力的每一位员工都实现了自身价值的提高。

汤姆在一家广告公司工作了一年，由于不满意自己的工作，他愤愤地对朋友说："我在公司里的工资是最低的，老板也不把我放在眼里，如果再这样下去，总有一天我要跟他拍桌子，然后辞职不干。"

"你对那家广告公司的业务都弄清楚了吗？对于公司运营的窍门完全弄懂了吗？"他的朋友问道。

"没有！"

"大丈夫能屈能伸！我建议你先静下来，认认真真地对待工作，好好地把他们的一切经营技巧、商业文书和公司组织完全搞通，甚至包括如何书写合同等具体事务都弄懂了之后，再一走了之。这样做岂不是既出了气，又有许多收获吗？"

汤姆听从了朋友的建议，一改往日的散漫习惯，开始认认真真地工作起来。甚至下班之后，他还留在办公室研究商业文书的写法。

一年之后，那位朋友偶然又遇到他。

"你现在大概都学会了，可以准备拍桌子不干了吧？"

"可是我发现近半年来，老板对我刮目相看，最近更是委以重任了，又升职又加薪，说实话，现在我已经成为公司的红人了！"

"这是我早就料到的！"他的朋友笑着说："当初你的老板不重视你，是因为你工作不认真，又不肯努力学习。后来你痛下苦功，担当的任务多了，能力也加强了，当然会令他对你刮目相看了。"

你可以把工作当做你的一个学习机会，从中学习业务知识，提升个人修养，积累行业经验……长此下去，你不但能够获得很多知识，还可以为今后的工作打下坚实的基础。在工作中投机取巧或许能让你获得一时的便利，但它会在你的心灵中埋下隐患，从长远来看，这对自己是有百害而无一利的。对工作负责的员工不会为自己的前途担心，因为他们已经养成了一个良好的习惯，无论到哪家公司，他们都会成为促进公司发展的关键力量。